Karlo Meyer

# Weltreligionen
## Kopiervorlagen für die Sekundarstufe I

3., veränderte Auflage

Vandenhoeck & Ruprecht

*Dieses Projekt wurde ermöglicht durch:*

- die Jugendlichen Kasthuri Srikumar und ihren Bruder, Anna Ansari, Tom Nir (alias Ben), Oliver Deppe, Nurdan Kudu, Vanessa Salimi;
- die Verantwortlichen im Hindutempel Sri Muthu Mariamman, das buddhistische Pagodenkloster Vien Giac, die Liberale Jüdische Gemeinde in Hannover, die Martin-Luther-Jugendkirche, die Moschee Jama'at un Nur, die Bahai-Gemeinde Hannover;
- insbesondere die Religionsvertreter Hilal al-Fahad und Michael Pfaff, Barbara Hennings und Ali Faridi, Ernst-Wolf Kleinwächter und David Geiss, Jörg Lindner und Ala Volodarska;
- die didaktische und religionswissenschaftliche Beratung von Barbara Janocha, Christiane Kürschner, Anita Pape-Schön, Elke Lammert-Öhlerking, Janina Sievers, Silke Leonhard und Stephan Schatzler;
- die Interviewerinnen Mariella Krull, Bettina Maurer und Juliane Oelker;
- die Künstler Leo Lebendig (Symbole) und Sandra Seiffart (Illustrationen);
- Janina Sievers, Norbert Dennerlein mit je zwei Fotos;
- die praktische Erprobung von Britta Baar und Mechthild Seidler;
- die finanzielle Unterstützung des Instituts für Theologie der Universität Hannover durch Prof. Harry Noormann, die Leibniz Universität Hannover (Präsidium), die Klosterkammer Hannover und Bin*GO*! Die Umweltlotterie (Lottostiftung Niedersachsen);
- die Beteiligten im Haus der Religionen in Hannover sowie den Aktionskreis der Religionen und Kulturen in Hannover.

Bibliographische Information der Deutschen Nationalbibliothek

Die Deutsche Nationalbibliothek verzeichnet diese Publikation
in der Deutschen Nationalbibliografie; detaillierte bibliografische Daten sind
im Internet über http://dnb.d-nb.de abrufbar.

ISBN 978-3-525-58180-3

Weitere Ausgaben und Online-Angebote sind erhältlich unter: www.v-r.de

© 2015, 2008, Vandenhoeck & Ruprecht GmbH & Co. KG, Göttingen/
Vandenhoeck & Ruprecht LLC, Bristol, CT, U.S.A.
www.v-r.de
Alle Rechte vorbehalten. Das Werk und seine Teile sind urheberrechtlich geschützt.
Jede Verwertung in anderen als den gesetzlich zugelassenen Fällen bedarf der vorherigen
schriftlichen Einwilligung des Verlages.
Printed in Germany.
Satz: textformart, Göttingen
Druck und Bindung: ⊕ Hubert & Co., Göttingen

Gedruckt auf alterungsbeständigem Papier.

# Inhalt

*Zur Einführung*
01: Der Brief der 6 Freunde  8

02: Das Band der Religionen  9

*1 Hinduismus*
A. Ich bin Hindu  10
B. Interview mit Kasthuri  11
C. Wir besuchen meinen Tempel  13
D. Mein Tempel  17
E. Meine Geschichte: Párvatis Söhne  19
F. Wie wir unsere Religion verstehen  20
G. Kreativer Impuls: das Mal  22

*2 Buddhismus*
A. Ich bin Buddhistin  24
B. Interview mit Anna  25
C. Wir besuchen meinen Tempel  27
D. Mein Pagodentempel  31
E. Meine Geschichte: Sariputta  33
F. Wie wir unsere Religion verstehen  35
G. Kreativer Impuls: der Weg  37

*3 Judentum*
A. Ich bin Jude  39
B. Interview mit Ben  40
C. Wir besuchen meine Synagoge  42
D. Meine Synagoge  46
E. Meine Geschichte: Befreiung  48
F. Wie wir unsere Religion verstehen  50
G. Kreativer Impuls: die Schriftrolle  52

*4 Christentum*
A. Ich bin Christ  54
B. Interview mit Oliver  55
C. Wir besuchen meine Kirche  57
D. Meine Kirche  61
E. Meine Geschichte:
   Elisabeth von Thüringen  63
F. Wie wir unsere Religion verstehen  65
G. Kreativer Impuls: die Kirche einrichten  67

*5 Islam*
A. Ich bin Muslima  69
B. Interview mit Nurdan  70
C. Wir besuchen meine Moschee  72
D. Meine Moschee  76
E. Meine Geschichte: Ibrahim
   und die Götzen  78
F. Wie wir unsere Religion verstehen  80
G. Kreativer Impuls: Schönschrift  82

*6 Bahai*
A. Ich bin Bahai  83
B. Interview mit Vanessa  84
C. Wir besuchen mein Bahai-Zentrum  86
D. Mein Bahai-Zentrum  90
E. Meine Geschichte:
   Bahá'u'lláh im Kerker  91
F. Wie wir unsere Religion verstehen  92
G. Kreativer Impuls: die Kuppel  94

Zum Schluss: Ein Gespräch  96

# Zur Einführung

Menschen sind vielfältig, entsprechend die Religionen. Um ganz unterschiedliche Menschen und ihre Religiosität geht es in diesem Buch, genauer um Jugendliche im Alter der Schülerinnen und Schüler: Kasthuri, Anna, Ben, Oliver, Nurdan und Vanessa. Sie sind nicht erfunden, sondern sie leben hier. Vielleicht sind es Nachbarn Ihrer Schülerinnen und Schüler? Sie könnten es jedenfalls sein, wenn sie in Hannover leben. Sie stellen sich gegenseitig ihre religiösen Stätten vor, vollziehen Rituale, beten, meditieren und hören Geschichten.

Die Stätten der Religionen sind ein doppelter Kristallisationspunkt: Hier bündelt sich das Leben einer Religionsgemeinschaft in Andachten, Meditationen und Festen. Sie spiegeln Religion in der Vielfalt unterschiedlicher Dimensionen wider. Lehre, Lebensweisen, Rituale und Gemeinschaft finden dort auf ihre Weise Berücksichtigung. Für die Schüler/innen bilden sie lebendige Lernorte, deren Besuche sie wahrscheinlich auf Jahre nicht vergessen werden. Besonders für die Vor- und Nacharbeit eines solchen Besuchs sind die Blätter konzipiert.

## Zur Auswahl der Religionen

Gewählt wurden die (großen) Religionen, die im Haus der Religionen am Dialog und der konzeptionellen Gestaltung aktiv beteiligt sind. Der **Dialog mit dem Judentum** ist ein Erbe der westlichen Welt und ist bleibender Auftrag der dritten und vierten Generation nach der Schoa. Der **Dialog mit dem Islam** gewinnt aufgrund der soziopolitischen Konstellationen seit mehr als einem Jahrzehnt an Dringlichkeit. Das **Christentum** hat unsere Kultur in Deutschland entscheidend geprägt. **Hinduismus und Buddhismus** haben bisher nicht so sehr im Blickfeld schulischen Lernens gestanden. Gerade deshalb kann nur dafür geworben werden, sich auch mit diesen hierzulande „unstrapazierten" Dialogpartnern auseinanderzusetzen. Neben den großen Traditionen gibt es auch kleine weltweit verbreitete Gruppen. Die **Bahai** sind eine recht junge Religion auf der Bühne religiöser Gemeinschaften. Sie engagieren sich trotz geringer Zahl im Religionendialog in Deutschland und sind aufgrund ihrer kurzen Geschichte ein Beispiel dafür, wie Religionen klein anfangen. So können mit den sechs Gemeinschaften ganz unterschiedliche Bilder und Rituale das Phänomen „Religionen unserer Welt" beleuchten.

## Zur Idee

Die sechs Jugendlichen, um die es in diesem Buch geht, haben sich im Haus der Religionen in Hannover kennengelernt. Sie haben zusammen gespielt, einander erzählt und in kleinen Ausflügen ihre religiösen Stätten besucht. Bildserien dokumentieren diese gemeinsamen Besuche. Mehr noch: Sie nehmen die Schülerinnen und Schüler auf bildliche Weise mit hinein in das, was die Sechs erlebt haben. Sie tragen weiter, was die Sechs einander mitgeteilt haben, und geben Impulse, um selbst zu forschen, religiöse Orte aufzusuchen, sich über existenzielle Fragen des Lebens Gedanken zu machen und mit Menschen der jeweiligen Religion zu sprechen. Auf diese Weise können und sollten die Glaubensvarianten dieses Buches ergänzt werden, um so die Vielfalt religiöser Sichtweisen anschaulich zu machen, wie sie z. B. vor Ort in den Schulen präsent ist.

Wie eine ausführliche Einheit zu einer einzelnen Religion mit Exkursion aussehen kann, zeigt am Beispiel Judentum: Karlo Meyer, Fünf Freunde fragen Ben nach Gott, Göttingen 2008.

Zu den Arbeitsblättern

Sieben Arbeitsblätter (z. T. mehrseitig) ermöglichen einen ersten Einblick in Orte und Lebenserfahrung jeder der sechs Religionen:

A. Das erste Blatt **Ich bin …** führt ein und schafft zugleich ein Bewusstsein für das „Andere", das „Fremde". Symbol und Porträtbild markieren Grenze und Eigenart jeder Religion. Sie sind „Fremdheitsmarker". Im Text dieser ersten Seite muss nicht für alle alles auf Anhieb durchschaubar sein. Distanznahme und Neugier sind gleichermaßen intendiert. Auf das selbsttätige Lernen zielt die letzte Aufgabe: „Stellt einen Forschungsplan zusammen. Wie könnt ihr mehr über diese Religion herausfinden?" Sie gibt Impulse zu einem forschenden Umgang mit Religion. Die Schülerinnen und Schüler können Schulbibliothek, heimischen Bücherschrank und Internet nutzen. Klassisch lexikalische Darstellungen der Religion und die individuellen Darstellungen auf den Arbeitsblättern sollen sich ergänzen.

B. Menschen im gleichen Alter schaffen über die bleibenden Grenzen hinweg Kontakt. Die **Interviews** des zweiten Blattes sind nicht von Religionsführern bereinigt. Hier äußert sich der bzw. die Jugendliche selbst. Schülerinnen und Schüler können eine Brücke zu den sechs Freunden und ihren religiösen Traditionen schlagen. Im Idealfall können die Fragen genutzt werden, um selbst Schülerinnen und Schüler zu interviewen.

C. Durch den **Besuch** an der religiösen Stätte führen die sechs Jugendlichen in das handgreiflich Erfahrbare ihrer religiösen Tradition ein. Leibliche Vollzüge stehen für manche Theoretiker einer Tradition zwar nicht an erster Stelle, das Lernen und Lehren von Religion beginnt bei Kindern und Jugendlichen aber genau hier. Durch Räume wird auch etwas von der jeweiligen Atmosphäre erfahrbar, im Ritual wird die Leiblichkeit von Religion wahrnehmbar.

D. Die **religiöse Stätte** ist der Fokus dieser Materialsammlung; ihr Kennenlernen wird durch ein gesondertes Blatt vertieft. Hiermit sollte im Unterricht möglichst der Besuch eines entsprechenden Ortes verbunden werden. Ähnlichkeiten und Unterschiede der besuchten Stätten und der gemalten Vorlage können zum Thema werden.

E. Neben Ritualen und Orten sind es in allen Religionen **Geschichten**, durch die sich die religiösen Traditionen erschließen. Es versteht sich, dass die jeweiligen Erzählungen nur eine minimale Auswahl darstellen, und doch bilden sie ein erstes Fenster zur fremden Lehre. Sie gehen auf je einen wichtigen Aspekt der Tradition genauer ein.

F. Die Selbstvorstellungen der Traditionen – **Wie wir unsere Religion verstehen** – sind nicht von den Jugendlichen, sondern von Erwachsenen aus ihrem Umfeld geschrieben. Auch sie haben ihre individuelle Note, die ein Gespür für Denken und Akzente von *deutschen* Hindus, *deutschen* Buddhisten, *deutschen* Juden usw. weitergeben kann.

G. Das letzte Arbeitsblatt nimmt einen Aspekt der fremden Religion auf, der auch über Grenzen hinaus sprechen und **Impulse** zum Weiterdenken geben kann. Die Schülerinnen und Schüler können selbst etwas gestalten und werden nach ihren eigenen Umgangsweisen mit existenziellen Belangen gefragt.

Sieben Einführungsblätter für eine Religion können nicht mehr als einen ersten Eindruck ermöglichen; sie sind ein Anstoß zur weiteren Beschäftigung. Konfessionelle Strömungen aller Traditionen mussten übergangen werden – beziehungsweise: Die sechs Freunde repräsentieren jeweils eine einzige, ihre Tradition. So trägt etwa Nurdan ein Kopftuch, was keineswegs bedeutet, dass ein Kopftuch in allen Strömungen des Islams für notwendig gehalten wird. Die verschiedenen Vorstellungen dazu sind ein eigenes Thema mit eigener Literatur.

Die Religionen können einzeln behandelt werden. Es können aber auch sechs Gruppen gleichzeitig je eine Religion erarbeiten und sie dann den anderen vorstellen. Dazu sind die Arbeitsblätter mit ihren Arbeitsanweisungen parallel aufgebaut und auf der DVD Bildershows zu finden. Das letzte Arbeitsblatt „Zum Schluss: Ein Gespräch" kann thematisch Ergebnisse der Gruppen verbinden.

## Zusatzmaterial und Originalbilder

Weitere Arbeitsblätter, Bildserien, Filme und Hörproben mit den sechs Kindern finden sich auf der DVD: Karlo Meyer „Weltreligionen. Sehen, Hören, Gestalten", Vandenhoeck & Ruprecht.

## Ein dialogisches Konzentrat

An dem Prozess der Entstehung dieses Materials waren die verschiedenen Religionsgemeinschaften aktiv beteiligt. Gemeinsam wurde im Haus der Religionen (Hannover) über die jeweiligen religiösen Orte nachgedacht, Religionsvertreter schrieben kurze Einführungen in ihre Religion, das erstellte Material wurde gegengelesen. Die Vertreter der Religionen waren im Entstehungsprozess dabei! Es wurde viel diskutiert; über einzelne Punkte konnte noch keine Einigung erzielt werden, zum Beispiel über den rechten Umgang mit Kritik. Der Prozess geht weiter.

Ich habe mich in zwei Rollen erlebt: als Moderator des Prozesses sowie als Religionspädagoge. Als Ziel und Zweck des Projekts war stets der gängige konfessionelle Religionsunterricht der Klassenstufen 5–8 im Blick. Das Ergebnis ist ein praxiserprobtes religionspädagogisches Angebot und zugleich das Konzentrat eines Dialogs, in dem Vorsicht und Respekt vor dem jeweils Anderen einen hohen Stellenwert haben. Es spiegelt einen Prozess, in dem alle behandelten Religionsgemeinschaften aktiv waren, einen Prozess, in dem Menschen unserer Nachbarschaft mit ihren authentischen religiösen Sicht- und Handlungsweisen wichtig waren und sind. Damit sollen ähnliche Prozesse andernorts ausdrücklich ermutigt werden. Potential zur Ergänzung und eigenen Reihen ist an den allermeisten Standorten zu finden.

Didaktischer Ansatz

Religionspädagogisch geht es in den betreffenden Klassenstufen um Einführungen. Gleichzeitig ist es mir wichtig, dass dies nicht nur Sachwissensvermittlung bedeutet. Religionsunterricht ist mehr und zielt auf die Behandlung, die Klärung und die Gestaltung von existenziellen Lebensthemen, grundlegenden religiösen Fragen und Dialog. Dies kann dann in das Thema „Weltreligionen" einfließen, wenn gleichzeitig Grenzen und Unterschiede nicht verwischt werden, sondern um beider Seiten willen klar bleiben. Vier Aspekte beschreiben die leitenden Kompetenzen. Die Schülerinnen und Schüler können durch dieses Material lernen,

– Symbole, Rituale und Ausdrucksformen anderer Religionen wahrzunehmen und zu deuten,

– sich forschend Wissen über Religionen anzueignen und dies darzustellen,

– Achtsamkeit auszubilden für die bleibende Grenze zum Fremdem und

– sich existenziell mit Fragen anderer Religionen auseinanderzusetzen und sich argumentativ auszutauschen.

Das Perlenband der Begegnung

Das Perlenband der Begegnung ist eine „geronnene", handhabbar gewordene Gestalt des Dialogs. Es wurde im Haus der Religionen entwickelt, um – bei aller Vielfalt und Fremdheit – auch das Verbindende deutlich zu machen. Je eine gelbe, orange, blaue, violette, grüne und rote Perle für die Religionen dieses Materials werden ergänzt durch eine graue Perle der ungenannten Religionen und eine durchsichtige für die eigene Sicht. Das interreligiöse Band kann der Meditation dienen oder dazu anregen, durch Fragen und Gedanken von den anderen Religionen zu lernen.

Im Unterrichtsverlauf können die Perlen einer Religion jeweils am Ende der Erarbeitung eines Abschnittes verteilt werden, so dass zum Abschluss aller Unterrichtssequenzen ein komplettes Armband vorliegt. Das Perlenband kann auch dazu anregen, dem eigenen Prozess des Dialogs in einer anderen Form Ausdruck zu geben.

Über Arbeitsblätter hinaus

Religion ist nicht nur etwas für Arbeitsblätter, man kann sie riechen, hören, fühlen. Diese sinnliche Seite von Traditionen kann auch im Unterricht ihren Ort haben (siehe oben „Zusatzmaterial"). Als Beispiel:

Unter Samttüchern (sog. „Pannesamt") in den sechs Farben haben wir jeweils einen Gegenstand aus der Religion zum Erfühlen verborgen.

An MP3-Spielern können mit Kopfhörern Klänge der Religionen abgehört werden.

Wer Freude hat, auch Exotisches zu suchen, kann Gerüche wie Weihrauch, Räucherstäbchen aus mehrheitlich hinduistischen und buddhistischen Ländern, jüdische Besamdosen und anderes organisieren.

So kann über die zweidimensionalen Arbeitsblätter hinaus mit Klängen, Gegenständen und dem Besuch der Stätte die Wahrnehmung von einer Religion geschult und durch weiteres Forschen und Fragen der Kontakt mit dem Anderen im Religionsunterricht gefördert werden.

Einführung

## Der Brief der 6 Freunde

Vanessa    Nurdan    Anna    Kasthuri    Ben    Oliver

*Liebe Religionsgruppe in ...*

wir senden euch schöne Grüße aus Hannover im Norden von Deutschland. Menschen aus allen Religionen leben hier.

Wir sechs sind zwischen 12 und 15 Jahre alt und stammen aus unterschiedlichen Religionen. Alle gemeinsam haben wir die Religionen unserer Stadt erforscht.

Wir schicken euch diesen Brief, damit ihr etwas von unseren Erfahrungen miterleben könnt. Vielleicht habt ihr Lust, auch mitzuforschen wie wir, was bei anderen Religionen in eurer Stadt los ist.

Die Bilder dazu werden euch über eure Lehrer erreichen.

Wir hoffen, euch geht es gut,

Eure

## Das Band der Religionen

Das Band, das uns verbindet, ist das Gespräch unter uns, unter den Religionen. Wir glauben, dass der Religionsfrieden für den Weltfrieden notwendig ist.

Wir wünschen uns, dass dieses Band uns teilhaben lässt an den Schätzen unserer Religionen. Wir nutzen es als verbindendes Symbol in der Bitte um Frieden und Weisheit:

Wir beginnen mit der gläsernen Perle: In ihr leuchtet für jeden sein eigener Glauben auf, die Selbstvergewisserung in der eigenen Religion.

Die Farben der großen Perlen im Uhrzeigersinn: durchsichtig, gelb, grün, lila, blau, rot, orange, grau

Wir nutzen die verbindenden kleinen Perlen: Sie führen uns ins Schweigen.

Die **gelbe** Perle des Hinduismus: In ihr leuchtet uns die Vielfalt des göttlichen Seins entgegen.

Die **grüne** Perle des Islam: In ihr leuchtet uns die Kraft des Gebetes entgegen.

Die **lila** Perle des Christentums: In ihr leuchtet uns die Liebe zum Nächsten entgegen.

Die **blaue** Perle des Judentums: In ihr leuchtet uns der Schatz der Glaubenserinnerung entgegen.

Die **orange**-farbene Perle des Buddhismus: In ihr leuchtet uns der Weg der Achtsamkeit und Gelassenheit entgegen.

Die **rote** Perle des Bahaitums: In ihr leuchtet uns die Weisheit der Toleranz entgegen.

Die **graue** Perle für die ungenannten Religionen: Sie eröffnet uns den Respekt vor den Erkenntnissen anderer Gemeinschaften.

Wir schließen wieder mit der gläsernen Perle des eigenen Glaubens, der eigenen Selbstvergewisserung und unserem Wunsch nach einem friedlichen Miteinander.

Diakonin S. Rösner

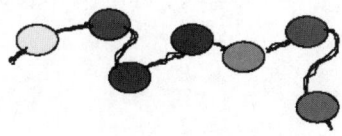

Hinduismus – A

## A Ich bin Hindu

Ich bin Kasthuri und 13 Jahre alt. Meine Religion wird Hinduismus genannt. Wir sagen aber lieber sanatana dharma. **Wir Hindus glauben, dass das Göttliche eins ist und auch vieles.** Deshalb kann man von einem Gott reden und gleichzeitig von ganz vielen Göttern. Beides ist wahr. Alles auf der Welt hat etwas Göttliches in sich.

Am Samstag gehe ich in den Tempel. Aber ich kann auch zu Hause beten. Ich mag, dass ich immer zum Beten zu Gott kommen kann. Meine Vorfahren kommen aus Sri Lanka, einer Insel südlich von Indien.

Hier ist ein **Zeichen** für unsere Religion abgebildet. Es heißt „**Om**" und wird oft A-u-m ausgesprochen. Es gibt verschiedene Bedeutungen, die sich damit verbinden. Einige sagen: Die geschwungenen Linien unten stehen für Wachen, Träumen, Tiefschlaf. Der Punkt ( hier als kleines Quadrat) mit dem Halbkreis oben steht für das tiefere Bewusstsein vom Leben. Es erleuchtet die anderen. Andere sagen, dass er Geburt, Leben und Tod meint. Es gibt wieder andere, die sagen, dass hier verschiedene Götter bezeichnet werden, die am Ende das eine Göttliche meinen.

Ihr seht: **Zu dem, was mit Hinduismus bezeichnet wird, gehört die Vielfalt von ganz unterschiedlichen Vorstellungen.**

Ein anderes häufiges Zeichen bei uns ist übrigens ein Kreuz mit Haken. Es hat keine schlimme politische Bedeutung, sondern ist für uns ein religiöses Hoffnungszeichen.

Unsere Religion ist voller Farben. Ich habe mich für **Gelb** als Farbe für „Hinduismus" entschieden. Die Ränder der Arbeitsblätter meiner Religion könnt ihr gelb anmalen.

1. Lies, was Kasthuri über ihre Religion sagt. Was scheint dir am wichtigsten zu sein?
2. Überlege, was ist ein „tieferes Bewusstsein vom Leben"? Entwickle ein eigenes Zeichen dafür und schreib deine Überlegungen mit ein paar Sätzen dazu auf.
3. Stellt in Partnerarbeit einen „Forschungsplan" zusammen: Wie könnt ihr mehr über Kasthuris Religion herausfinden? Was möchtet ihr wissen?

# B Interview mit Kasthuri

*Kannst du etwas über dich erzählen?*

Ich bin Kasthuri und wohne in Hannover. Ich bin 13 Jahre alt. Meine Hobbys sind Badminton und Fernsehen. Später möchte ich einmal in einer Bank arbeiten. Hindu bin ich durch meine Eltern geworden. Meine Familie stammt aus Indien und Sri Lanka.

*Was gefällt dir am Hinduismus?*

Mir gefallen die Feste, weil die etwas ganz Besonderes sind. Divali mag ich am liebsten. Da gibt es Geschenke, Gebete und Licht. Auch die normalen Tage mag ich: Ich kann immer zum Beten zu Gott kommen, wenn ich will.

*Beschreibe uns dein religiöses Leben!*

Samstags, wenn ich nicht zu viele Hausaufgaben aufhabe oder wenn mir langweilig ist, gehe ich in den Tempel. Dort besuche ich meinen Vater, der ist dort Priester. Zu Hause bete ich fast jeden Tag in einer kleinen Andacht. Die Andacht heißt Puja (sprich: Púdscha).

Unter den Göttern sind mir die Brüder Ganescha und Skanda am wichtigsten. Sie haben beide ihre besondere Geschichte.

Ganeschas Besonderheit ist sein Elefantenkopf. Den hat er durch den Gott Schiwa bekommen. Einmal, als Ganeschas Mutter, die Göttin Párvati, im See badete, sollte Ganescha aufpassen, dass sie keiner störte.

Ganescha und Párvatis Mann, Schiwa, kannten sich damals noch nicht.

Doch da kam Schiwa und wollte zu seiner Frau. Ganescha wusste nicht Bescheid und ließ ihn nicht durch. Schiwa ärgerte sich über den Kleinen und schnitt ihm vor Wut den Kopf ab. Weil auch Ganescha göttlich ist, war er dadurch nicht tot, aber der Kopf fehlte jetzt.

Als Schiwa verstand, dass Ganescha zu Párvati gehörte, bereute er, was er getan hatte. Er fand einen Elefanten, nahm dessen Kopf, und brachte so Ganeschas Körper wieder in Ordnung. So entstand der Gott Ganescha mit seinem besonderen Gesicht. In unserem Tempel steht er links neben dem Schrein seiner Mutter Párvati. Auf der rechten Seite ist sein Bruder Skanda.

Als Kind mochte ich die Geschichte von Skanda sehr gern. Er liebte zwei Frauen. Die eine Frau war arm und die andere war reich. Er konnte sich nicht entscheiden, welche er heiraten sollte. Da heiratete er schließlich einfach beide. Das hat mir früher gut gefallen.

Hinduismus – B2

*Was heißt der Glaube für dich als Hindu?*

Wenn man an Gott glaubt, weiß man, dass jemand bei einem ist. Wenn man traurig ist oder ein schlechtes Gewissen hat, kann man zu Gott beten. Das hilft mir.

*Hast du schon einmal Vorurteile gegenüber deiner Religion erlebt?*

Nein.

*Danke für das Interview.*

1. Markiere Begriffe im Text, die dir neu sind. Versuche ihre Bedeutung in deinen Worten zu umschreiben!
2. Schreibe einen Brief an Kasthuri! Erzähle ihr, was dir an ihrem Interview aufgefallen ist und was dir gefällt:

*Liebe Kasthuri,*

_____

_____

_____

_____

_____

_____

_____

_____

*Schöne Grüße,*

Hinduismus – C1

# C Wir besuchen meinen Tempel

Hinduismus – C2

E

Auf dem Bild rechts seht ihr meinen Vater. Er ist Priester in dem Tempel und steht im Hintergrund. Vorn kommt eine Familie mit einem Neugeborenen.

F

G

Hinduismus – C3

H
_____
_____
_____
_____

I
_____
_____
_____

J
_____
_____
_____
_____

K
_____
_____
_____
_____

1. Auf diesen Arbeitsblättern siehst du, wie fünf Freunde Kasthuri besuchen.

2. Sieh dir die Bilderserie zuerst still an. Schreibe mit Bleistift auf, was du auf jedem Bild siehst. Es geht um *deine* Wahrnehmung. Lass etwas Platz übrig.

3. Dann liest einer von euch den Text zu den Bildern (Hinduismus-C4, Bedeutungsblatt). Schreibe nun mit einem anderen Stift in Stichworten zu den Abbildungen die *Bedeutung für Kasthuri* dazu.

# Hinduismus – C4

## Bedeutungsblatt

Kasthuri erzählt von dem Besuch im Hindutempel:

A. Hier öffne ich den anderen die Tür zu unserem Tempel. Neben der Außentür des Tempels steht eine kleine Götterstatue. Dieser Tempel ist besonders für die Göttin Párvati gebaut. Meine Familie nennt die Göttin auch Muthu Mariamman (das ist in Südindien und Sri Lanka üblich).

B. Vor dem Innenraum ziehen wir uns alle die Schuhe aus. Auch alles andere aus Leder wird abgelegt. Die Haut toter Tiere gehört nicht in einen Tempel.

C. Ich zünde die Leuchter neben der Göttin an. Jetzt ist die Göttin anwesend.

D. Die Göttin Párvati ist die Mutter des Universums und hält die Welt in Bewegung. Sie nährt und schützt alles Leben. Ihre Statue steht in dem Schrein in der Mitte. Sie ist aus Granit, dem härtesten Stein. Als Schmuck sind ihr Girlanden umgehängt.

E. Einmal im Jahr bringen wir das Abbild der Göttin nach draußen. Dort werden der Göttin Opfergaben gebracht. Das Abbild wird auf einem Wagen einmal um den Tempel gezogen.

F. Wie die meisten Hindus mache ich täglich eine Andacht. Die heißt „Puja" (Púdscha). Ich bringe der Göttin Früchte als Dank und Opfergaben mit und lege sie neben den Gefährten der Göttin. Das ist bei Párvati ein Löwe.

G. Zum Gebet halte ich zuerst die Hände aneinander. Damit sage ich, dass ich die Göttin verehre.

H. Ich beuge ich mich vor der Göttin auf den Boden. Ich drücke damit aus, dass ich mit meinem ganzen Ich und meinem ganzen Körper dieser Göttin gehöre.

I. Licht bedeutet bei uns Reinigung und Segen. Ich nehme mit der Hand etwas von dem Licht der Göttin Párvati auf.

J. Dann fächere ich mir etwas davon zu.

K. Danach fühle ich mich gestärkt.

Hinduismus – D1

# D Mein Tempel

Dies ist eine Skizze von meinem Tempel.

1. Auf einem zweiten Blatt (D2) findest du Fotos von den Gegenständen des Tempels. Suche die Gegenstände A bis F in der Skizze und kennzeichne die jeweiligen Stellen in der Skizze mit dem passenden Buchstaben. Schreibe ein Stichwort dazu.

2. Du kannst die Fotos auf dem zweiten Blatt auch ausschneiden und um die Skizze herum kleben. Dann ziehst du einen Pfeil vom Foto zur passenden Stelle auf der Zeichnung. Schreibe ein Stichwort neben den Pfeil.

Kasthuris Tempel

Hinduismus – D2

Kasthuri erklärt Gegenstände aus dem Tempel:

**A** Unser Tempel ist einfach ein größerer Raum in einem normalen Haus. Vor der Eingangstür haben wir ein kleines Götterbild aufgestellt. Daran erkennt man, dass hier der Tempel ist.

**B** Tote Tiere gehören nicht in den Tempel. Daher werden vor dem Hauptraum alle Gegenstände aus Leder abgelegt: Schuhe genauso wie Gürtel.

**C** Jede Göttin und jeder Gott hat ein Tier als Gefährten. Ein Löwe gehört zu Párvati. Bei dem Löwen ist Platz für Opfergaben für die Göttin, zum Beispiel für Obst und Blumen.

**D** Das Abbild der Göttin ist in dem Schrein. Es ist mit Girlanden, Verzierungen und Tüchern geschmückt. Nur das Gesicht des Abbildes kann man noch sehen. Es ist ganz dunkel.

**E** Rechts und links neben Párvatis Schrein sind die Schreine ihrer Söhne. Dies ist der Schrein von Ganescha, dem Gott mit dem Elefantenkopf. Seine Gefährtin ist eine Ratte. Die sieht man hier nicht. Stattdessen sieht man den schönen Schmuck, in den er gehüllt ist.

**F** An diesem Tisch mit den Symbolen von Planeten können günstige und ungünstige Zeiten des Lebens festgestellt werden.

# E Meine Geschichte: Párvatis Söhne

Kasthuri erzählt: Bei uns gibt es das eine Göttliche und viele Götter. Die unterschiedlichen Götter gehören zu verschiedenen Familien.

Einer der wichtigsten Götter heißt Schiwa (manche schreiben ihn englisch „Shiva"). Durch das Wippen seines tanzenden Fußes lässt er die Welt entstehen und wieder vergehen.

Mit seiner Frau, der Göttin Párvati, hat er zwei göttliche Söhne: Ganescha und Skanda.

Gott Ganescha sieht anders aus als die anderen. Er hat den Kopf eines Elefanten. Er bekam ihn durch seinen Vater Schiwa (siehe das Arbeitsblatt Hinduismus-B). Ganescha reitet gern auf einer Ratte.

Gott Skanda hat kurz nach seiner Geburt einen schlimmen Dämon getötet. Er trägt gern eine Rüstung und reitet am liebsten auf einem Pfau. Weil er keine seiner beiden Freundinnen zurückweisen wollte, heiratete er sie beide. Er hat also zwei Frauen. – Hier eine Geschichte von Ganescha und Skanda:

> Ganescha und Skanda hatten eine Meinungsverschiedenheit und beschlossen einen Wettkampf zu veranstalten. Sieger sollte sein, wer es als Erster schaffte, die ganze Welt zu umrunden. Schiedsrichter sollten die Eltern Schiwa und Párvati sein. Skanda holte seinen Pfau und spannte in großer Geschwindigkeit seinen Wagen an den Vogel, nahm seine Frauen mit auf den Wagen, um sie nicht allein zurückzulassen, und fuhr in unvorstellbarer Geschwindigkeit los. Es gelang ihm, in nur einem Tag den weiten Weg zurückzulegen.
>
> Ganescha hatte inzwischen seine Ratte geholt. Er setzte sich gemütlich darauf und verzehrte genüsslich etwas Süßes – er isst nämlich immer sehr gern Süßigkeiten. Dann ritt er auf der Ratte einmal um seine Eltern und sagte: „Ihr seid meine ganze Welt." Als Skanda zurückkam, stellte er fest, dass Ganescha schon gewonnen hatte.

1. Spielt die Geschichte nach! Fügt eine neue Szene hinzu: Wie Ganescha und Skanda nach dem Wettkampf miteinander sprechen.
2. Stell dir vor, du bist Schiwa oder Párvati und hast eben den Wettkampf erlebt. Entscheide neu, wer gewonnen hat, und begründe deine Entscheidung (auf einem Extra-Blatt).
3. Für viele Hindus sind Gott Schiwa und Göttin Párvati selbst die „ganze Welt". Der Wettstreit hat also auch eine religiöse Bedeutung. Erkläre sie (Extra-Blatt).
4. Schreib ein Gespräch auf, in dem du dich mit Kasthuri über ihre und deine Vorstellungen von „Gott" unterhältst (Extra-Blatt).

# F Wie wir unsere Religion verstehen

Kasthuri erzählt: Ich habe mal einen erwachsenen Hindu gebeten zu erklären, wie wir als Hindus unsere Religion verstehen. Hier ist seine Antwort:

*Lehre*

„Wir glauben an alle Götter und somit auch an alle Religionen" – so beschreiben sich viele Hindus. Verschiedene Hindus orientieren sich an verschiedenen Hauptgöttern. Die anderen Götter gehören dann zu diesem Hauptgott dazu. Man kann also an einen Hauptgott und zugleich an alle anderen Götter glauben. An der Spitze stehen die folgenden Hauptgötter:

- Brahma erschafft die Welt. Ein Teil der Hindus glaubt, dass er der einzige Gott sei und alle anderen Götter Formen von Brahma.

- Andere glauben, dass Wischnu (englisch Vishnu) der einzige Gott sei, alle anderen Götter nur andere Verkörperungen des Wischnu. Wischnu gilt als der Erhalter, der die irdische Gestalt annimmt, wenn das Böse die Oberhand gewinnt.

- Der Gott Schiwa gilt einerseits als barmherzig, andererseits gilt er als Zerstörer. Er reitet auf dem Stier Nandi. Seine Zeichen sind ein Dreizack und das Lingam, das wie ein abgerundeter Stumpf aussieht und ein Fruchtbarkeitssymbol ist.

- Im Shaktismus wird Gott in Gestalt der Mutter verehrt. Sie ist göttliche Energie.

Die Vorstellungen von den Hauptgöttern sind alle sehr verschieden. Was ist also die Gemeinsamkeit aller dieser Glaubensprägungen? Gemeinsam ist dies: Es gibt im Hinduismus viele Götter. Aber auch diese Götter sind vergänglich. Gemeinsam ist auch: Wir Hindus glauben an das Karma. Das ist die Lehre von Wiedergeburt und Tatfolgen. Jedes Verhalten eines Menschen hat nicht nur sofortige Wirkung nach außen, sondern auch eine Wirkung auf seine unvergängliche „Seele" (Atman). Das, was ich jetzt erleide, ist das Ergebnis des vergangenen Lebens. Das Glück und Unglück des nächsten Lebens kann ich heute mit meinem jetzigen Leben beeinflussen. Die Welt ist der ständigen Veränderung unterworfen. Menschen werden geboren und sterben und werden wiedergeboren.

*Lebensorientierung*

Ein festes Glaubensbekenntnis oder ein geschriebenes Buch über die Lebensführung existiert bei uns nicht. Es gibt Buchsammlungen, die Veden heißen (übersetzt: Heiliges Wissen). Und es gibt die Baghavad Gita. Die Gita ist das bekannteste Werk des Hinduismus. In ihr werden philosophische und religiöse Grundsätze erörtert. Aber es gibt keine Bekenntnisse oder Gebote. Auch einen Gründer unserer Religion kennen wir nicht.

Das Verhalten des Einzelnen ist für uns wichtiger als ein bestimmter Glaube. Alles, was wir tun, steht in einem Zusammenhang mit dem Karma – also mit dem Leben jetzt und dem Leben später. Dadurch durchdringt die Religion unseren ganzen Alltag. Einige meinen, dass der Hinduismus keine Religion sei, sondern einfach eine Lebensweise. Zu unserer Religion gehört übrigens auch der Glaube an Astrologie und die Anbetung der Planeten unseres Sonnensystems. Auch das ist ein Teil unseres Alltags. In unserem Tempel ist der Aufbau der Planetenkonstellation zu sehen. Bei wichtigen Entscheidungen schauen wir, ob der Stand der Planeten günstig ist.

Das Leben sollte daran orientiert sein, „gute" Taten zu vollbringen und tugendhaft zu leben. Was tugendhaft ist, bestimmte früher die Zugehörigkeit zu einer Kaste. Eine Kaste war eine soziale Gemeinschaft, zu der man mit seiner Familie durch Geburt gehörte. In dieser Gemeinschaft wurden bestimmte Berufe ausgeübt und andere nicht. Man sollte die Pflichten, die durch diese Sozialordnung gegeben sind, befolgen. Diese Einstellung verändert sich immer mehr. Das Kastensystem gehört aber noch zum Gesellschaftsbild unserer Religion. Ein Hindu soll tugendhaft nach dem Angenehmen und dem Nützlichen streben, um eine Befreiung aus dem Kreislauf von Tod und Wiedergeburt zu erlangen.

*Rituale*

Jeder Haushalt verfügt über einen kleinen Hausaltar. Dort steht das Bildnis von mindestens einer Gottheit. Jedes Familienmitglied betet dort einmal am Tag. Das Gebet im Alltag besteht aus einem „Thevaram". Das ist ein Gesang, in dem die jeweilige Gottheit gepriesen wird und der Betende zum Beispiel für Gesundheit und Erfolg bittet. Ein weiteres Ritual ist es, den Göttern Opfergaben zu bringen. So bringt man in den Tempel Blumen, Milch, Honig und Früchte mit und opfert diese symbolisch der jeweiligen Gottheit. Der Priester reicht in einer Zeremonie, der Puja, die Opfergabe an die Gottheit weiter und spricht „mantras". „Mantras" sind heilige Silben oder Worte. Somit übernimmt er die Aufgabe, zwischen Gott und dem Betenden zu vermitteln. Yoga-Meditation gehört auch zum Bild des Hinduismus. Dennoch findet sie nur selten im Alltag Platz.

*Gemeinschaft*

Hindu kann man nicht durch einen Religionswechsel werden. Vielmehr wird man durch Geburt Hindu. Die meisten Hindus leben in Indien und einigen umliegenden Ländern. Der Hinduismus ist ein Sammelbegriff für viele verschiedene Strömungen, wie ich es oben zu den verschiedenen Göttern erzählt habe. Das, was uns alle verbindet, ist der Glaube an Gott und natürlich auch der Glaube an das Karma. In Deutschland kommen die Hindus unabhängig von ihrer Glaubensrichtung in den Tempeln zusammen. Sie beten, bringen Opfer und feiern Feste.

Nach Sritharan Krishnapillai; er ist engagierter Hindu in Hannover.

1. Markiere wieder die wichtigsten Begriffe.
2. Inzwischen kennst du so viele „Vokabeln" des Hinduismus, dass du ein Verzeichnis anlegen kannst: alphabetisch und je mit einer kurzen Erklärung des Sinns in deinen Worten.
3. Rituale gibt es nicht nur bei Hindus. Frage Menschen in deiner Nachbarschaft, welche Rituale sie regelmäßig durchführen. Vielleicht darfst du eine Bildserie von einem Ritual aufnehmen?

Hinduismus – G1

# G Kreativer Impuls: Das Mal

Kasthuri erzählt: Das eine Göttliche kann von uns Hindus in ganz verschiedenen Formen und Gestalten verehrt werden und bleibt doch Eins.

Die Verehrung kann sich mit bestimmten Körperzeichen verbinden. Diese können sehr unterschiedlich aussehen.

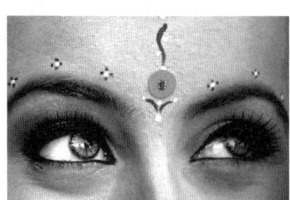

Am bekanntesten ist der rote Punkt bei Frauen: etwas oberhalb der Nase zwischen den Augenbrauen. Dies war in vielen Gegenden ein Zeichen, dass eine Frau verheiratet war. Unverheiratete Frauen können einen schwarzen Punkt verwenden (wie ich). Heute haben zum Teil auch unverheiratete Frauen den roten Punkt und manchmal sogar Frauen, die gar nicht Hindu sind.

In der Sprache Hindi heißt der rote Punkt „Bindi". Er ist oft aus einem besonderen Puder, dem Kumkum-Puder.

Eine deutlich religiöse Bedeutung haben Körperzeichen, die im Zusammenhang mit einer Andacht aufgetragen werden. Wir nennen sie Tika. Sie verbinden mit einem Gott und haben die Bedeutung eines Segens. Sie können je nach Zeremonie aus Pulverfarbe, aus Asche, aus einer Paste oder aus einem Ruß-Butter-Gemisch bestehen. Kinder, Männer und Frauen tragen diese Zeichen.

Einige Formen hängen damit zusammen, welcher Gottheit man sich zuwendet:

- Menschen, die Schiwa verehren, können drei waagerechte Striche auf der Stirn tragen. Oft sind sie aus weißer Asche.
- Andere, die Wischnu verehren, haben ein Zeichen, das ähnlich aussieht wie ein „U". Es kann aus Sandelholzpaste bestehen.
- Menschen, die Gottes weibliche Form durch Shakti verehren, haben einen roten Punkt.

Wir können diese Zeichen nicht nur an der Stirn tragen, man kann sie auch an den Armen sehen. Auch in die Handfläche kann man etwas zeichnen.

Auch in anderen Religionen gibt es Ähnliches. Alle diese Zeichen bedeuten gleichermaßen eine Verbindung zu dem, was Menschen am wichtigsten ist.

1. Suche im Internet nach Abbildungen der beschriebenen Zeichen (hilfreiche Stichworte sind „Tika" oder „Tilaka" und „Hindu"). Wenn du sie ausdruckst, kannst du ein eigenes Blatt mit den verschiedenen Zeichen gestalten.
2. Was ist dir in deinem Leben wichtig? Mit wem willst du verbunden sein? Überlege dir ein passendes Zeichen. Zeichne es zunächst auf das zweite Arbeitsblatt G2.
3. Wenn das Zeichen dir gefällt, kannst du es auf deinen Handrücken übertragen. Dabei kann ein Partner dir helfen.

Hinduismus – G2

Mir ist in meinem Leben wichtig: _____

Ein Zeichen dafür auf meiner Hand kann sein:

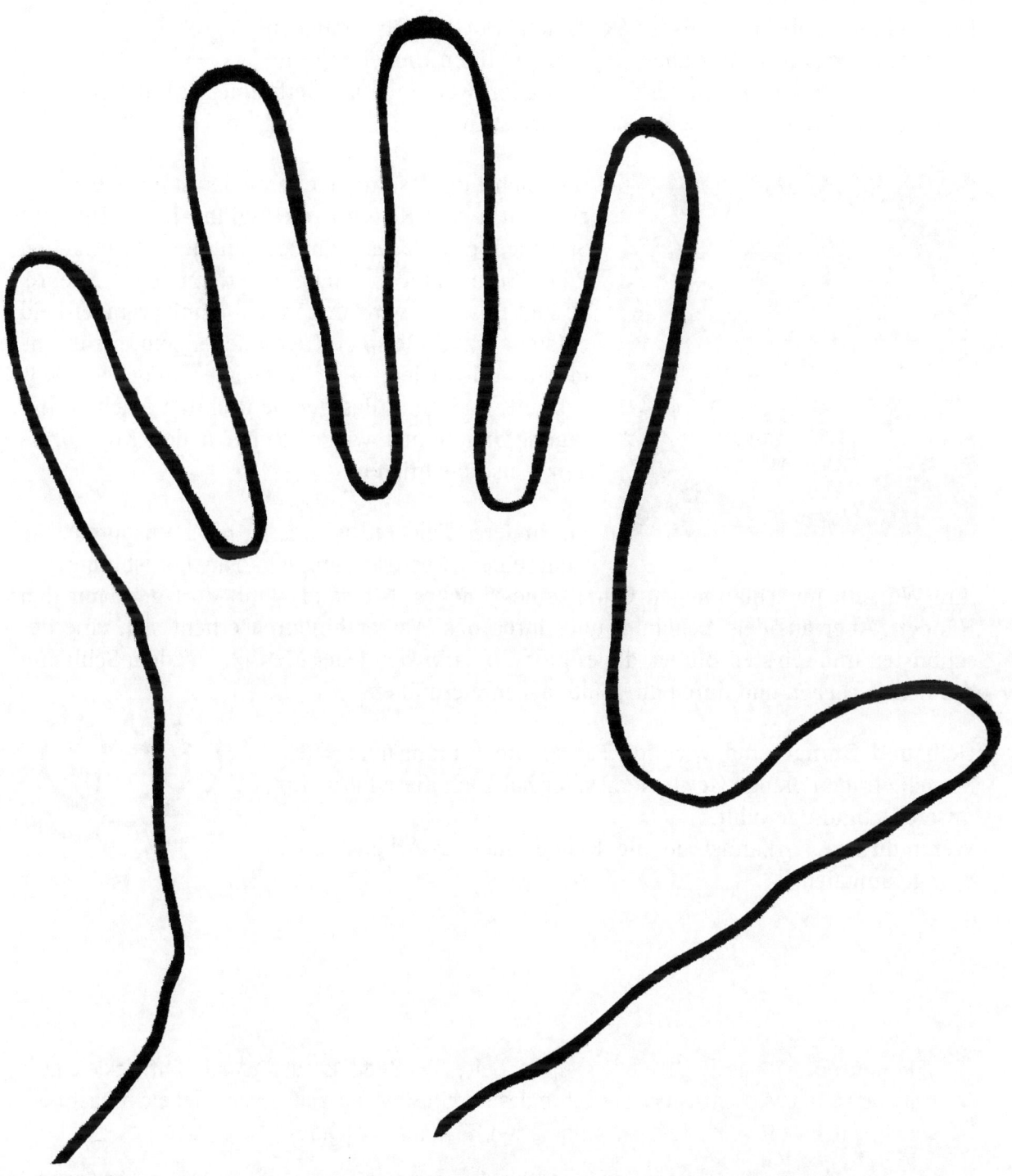

Karlo Meyer, Weltreligionen | © 2015, Vandenhoeck & Ruprecht GmbH & Co. KG, Göttingen

Buddhismus – A

## A Ich bin Buddhistin

Ich bin Anna und 13 Jahre alt. Meine Religion ist die Lehre Buddhas. Ob es Götter gibt, ist uns nicht wichtig, aber etwas anderes: Wir sehen das viele Leid in der Welt und denken darüber nach: Warum ist es so, wie es ist?
Die Buddha-Lehre hilft uns zu verstehen. Doch dafür brauchen wir ruhige Gedanken. Wir üben sie in einer stillen Umgebung und nennen es „meditieren". Durch die Meditation werde ich aufmerksamer auf andere Menschen und achte mehr auf das, was ich selbst tue.

Hier siehst du das Rad der Lehre. Es ist eines der Zeichen für unsere Religion, die Buddha-Lehre. Die acht Speichen des Rades erinnern an den „Achtfachen Pfad". So nennen wir einen wichtigen Teil der Lehre. Er sagt uns, was wir tun können, damit weniger Leid entsteht – zum Beispiel: freundlicher sein, nicht einfach drauflosreden, sondern genauer hingucken, was passiert, und dann das gerade Richtige machen und sagen. Und immer wieder Ruhe in den Kopf bringen – also meditieren.

Ein anderes Zeichen bei uns ist die Lotusblume. Sie sieht einer „Seerose" ähnlich. Die Lotusblume hat ihre Wurzeln im schlammigen Grund eines Teiches. Niemand wühlt dort gern mit den Händen. Aber aus dem Schlamm und durch das Wasser hindurch erhebt sich eine der schönsten und reinsten Blüten, die es gibt. So kann sich jeder Mensch aus dem Schlamm des Leids erheben und durch die Buddha-Lehre erblühen.

Gelb und **Orange** sind wichtige Farben im Buddhismus. Viele Mönche tragen orange Gewänder. Daher habe ich diese Farbe für unsere Religion gewählt.
Wenn du magst, kannst du die Ränder meiner Arbeitsblätter orange anmalen.

1. Ein Künstler hat das Zeichen oben auf der Seite für „Buddhismus" gemalt. Entwickle eine eigene Form das „Achtfache" der Lehre des Buddhismus auszudrücken. Vielleicht hast du auch eine Idee für eine Zeichenkombination für Annas Religion?
2. Stellt in Partnerarbeit einen „Forschungsplan" zusammen: Wie könnt ihr mehr über Annas Religion herausfinden? Was möchtet ihr alles wissen?

Buddhismus – B1

# B Interview mit Anna

*Hallo Anna, magst du ein bisschen über dich erzählen?*

Hallo, ich bin Anna, 13 Jahre alt und Buddhistin. Ich habe drei Geschwister, zwei Brüder und eine Schwester. Ich bin die Älteste von ihnen. Ich bin unternehmungslustig und lache gern. Ich lese sehr gerne und schreibe auch kurze Geschichten, ein paar durfte ich auch schon in der Schule vorlesen. Meine weiteren Hobbys sind Schwimmen, Malen und Zeichnen. Ich habe auch ein paar Theaterstücke geschrieben.

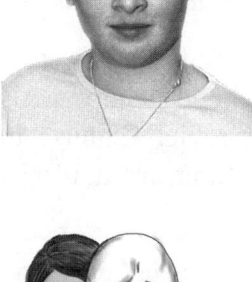

*Weißt du, was du mal werden möchtest?*

Ich würde gern Schauspielerin werden und in Filmen oder Theaterstücken spielen. Vielleicht auch als Regisseurin arbeiten.

*Wie würdest du deine Religion beschreiben bzw. was findest du an ihr gut?*

Mir gefällt, dass wir Buddhisten nicht an etwas Personenartiges glauben, nicht an einen bestimmten Gott. Wir meditieren und finden dabei innere Ruhe. Der Buddhismus ist ganz offen für viele Vorstellungen.

*Wie bist du zu deinem Glauben gekommen?*

Meine Mutter hat mich damit vertraut gemacht.

*Trefft ihr euch oft mit anderen Buddhistinnen und Buddhisten?*

Nein, wir meditieren zu Hause und vertiefen uns im Dharma, also der Lehre. Nach der Meditation reden wir über das, was wir vor unserem inneren Auge gesehen haben. Ich sehe dabei auch häufig Farben.

*Hat dir dein Glaube schon mal geholfen?*

Als meine kleine Schwester am plötzlichen Kindstod gestorben ist, wusste ich, dass sie nicht für immer gestorben ist, sondern wiedergeboren wird. Ich bin zwar traurig, dass sie nicht mehr bei uns ist, aber sie ist nicht für immer weg.

*Gibt es irgendwelche besonderen Tage oder Feste, für die ihr auch mal in den Tempel geht?*

Ja, wir gehen jedes Jahr zum Ullambanafest in den Tempel. Aber dieses Fest zur Familie ist für uns nicht so wichtig wie für die Vietnamesen. Es ist nicht so, dass man sich Wochen vorher darauf freut. Schön ist aber, dass dabei auch ganz viele deutsche Buddhisten sind, mit denen man sprechen kann. Auf einer Bühne findet ein Showprogramm statt, bei dem vietnamesische Gruppen singen und etwas aufführen. Ein Fest wie Ostern oder

Weihnachten gibt es bei Buddhisten nicht. Allerdings feiern wir trotzdem Weihnachten mit Tannenbaum und Geschenken.

*Hat die Religion irgendeinen Einfluss auf das, was du isst?*

Ja, zu Hause essen wir nur Fleisch von Tieren, die nicht lebend gebären. Also Geflügel und Fisch. Ansonsten essen wir viel Gemüse und Obst. Aber bei McDonalds und im Restaurant darf ich essen, was ich will.

*Gibt es bei euch so etwas wie Religionsmündigkeit?*

So mehr oder weniger: Es heißt, ein Mensch ist dann Buddhist, wenn er dreimal Zuflucht gesucht hat. Er sagt je dreimal: „Ich nehme Zuflucht zum Buddha. Ich nehme Zuflucht zur Lehre. Ich nehme Zuflucht zur Gemeinschaft." – Die Gemeinschaft heißt Sangha. Die Lehre heißt Dharma. Wer Buddhist ist, sollte auch den Dharma kennen. Buddha ist für uns ein Wegweiser. Er möchte wie ein Arzt oder Lehrer den Menschen helfen zur Erleuchtung und zum inneren Frieden zu finden.

*Hast du schon einmal schlechte Erfahrungen gemacht?*

Ja, leider wurde ich in der Schule schon ausgelacht. Vor allem von ein paar Jungs. Aber die machen sich ja über alles lustig. Deshalb finde ich es nicht so schlimm.

Das Interview führte Bettina Maurer

1. Markiere wichtige Begriffe im Text.
2. Schreibe einen Brief an Anna! Erzähle, was dir an ihrem Interview aufgefallen ist und was dir gefällt:

*Liebe Anna,*

_____
_____
_____
_____
_____

*Schöne Grüße,*

Buddhismus – C1

## C Wir besuchen meinen Tempel

Karlo Meyer, Weltreligionen | © 2015, Vandenhoeck & Ruprecht GmbH & Co. KG, Göttingen | 27

# Buddhismus – C2

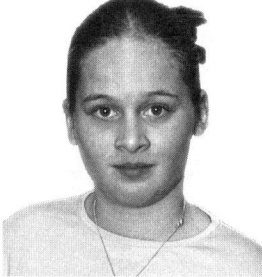

> *Unsere buddhistische Lehre stammt von einem Mann. Er wurde später Buddha genannt. Er wollte den Menschen helfen. Er sagte ihnen, wie sie das Entstehen von Leid verhindern und ihr Leben achtsam führen. Meditation ist dabei ein wichtiges Mittel.*

Buddhismus – C3

1. Sieh dir die Bilderserie zuerst still an. Schreibe mit Bleistift auf, was du auf jedem Bild siehst. Es geht um *deine* Wahrnehmung. Lass etwas Platz übrig.

2. Dann liest einer von euch den Text zu den Bildern (Buddhismus-C4, Bedeutungsblatt). Schreibe nun mit einem anderen Stift in Stichworten zu den Abbildungen die *Bedeutung für Anna* dazu.

## Bedeutungsblatt

Anna erzählt vom Besuch des Pagodentempels:

A. Heute zeige ich den anderen unseren buddhistischen Pagodentempel.

Die Pagode ist der hohe Turm rechts. Im Vordergrund ist ein kleiner Teich. Auf der Mauer vorn sieht man steinerne Lotusse. Der eigentliche Tempelraum ist eine Halle in dem großen Haus hinten. Hier geht es nun hinein.

B. Am Eingang brennen Räucherstäbchen rechts in dem Kessel. Die Statue drückt Barmherzigkeit aus.

C. Vor der Haupthalle ziehen wir uns die Schuhe aus.

D. In der großen Halle können viele Menschen gemeinsam meditieren und Zeremonien abhalten.

E. Vor dem Altar zeige ich den anderen, wie ich mich vor dem Buddha verneige und wie ich ihm und seiner Lehre Verehrung erweise. Ich glaube, dass er die tiefe Wahrheit des Lebens erkannt und dargelegt hat.

F. Vor dem Altar ist ein großes Mandala. Mandalas werden zum Meditieren angefertigt. Dieses Mandala besteht aus gefärbten Sandkörnern und wurde mit großer Sorgfalt von Mönchen hergestellt.

G. Ich meditiere normalerweise in einem kleineren Raum. Vor der Meditation zünde ich die Kerzen an. Ihr Schein erinnert an die Lehre des Buddha, die Erleuchtung bringt.

H. Dann stelle ich mich hin und lege die Hände aneinander.

I. Ich knie mich vor dem Buddha ganz auf den Boden nieder.

J. Dann schlage ich eine Klangschale an.

K. Schließlich zeige ich allen eine kleine Meditationsübung.

Buddhismus – D1

# D Mein Pagodentempel

Dies ist eine Skizze von meinem Tempel.

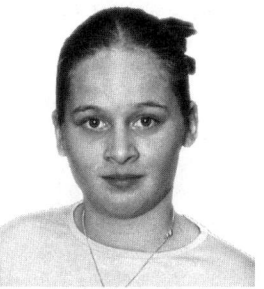

1. Auf einem zweiten Blatt (D2) findest du Fotos von den Gegenständen des Tempel. Suche die Gegenstände A bis F in der Skizze und kennzeichne die jeweiligen Stellen mit dem passenden Buchstaben. Schreibe ein passendes Stichwort dazu.

2. Du kannst die Fotos auf dem zweiten Blatt auch ausschneiden und um die Skizze herum kleben. Dann ziehst du einen Pfeil vom Foto zur passenden Stelle auf der Zeichnung. Schreibe ein Stichwort neben den Pfeil.

Annas Tempel

Anna erklärt Gegenstände aus dem Tempel:

A  Der Pagodenturm hat mehrere Stockwerke. In ihm finden sich viele Tausende von Buddha-Statuen. Sie dienen der Erinnerung an Buddhas Lehre.

B  Vor vielen buddhistischen Tempeln findet sich auch ein Teich mit Lotusblumen. Lotus ist ein Sinnbild für die Erleuchtung. Die Statue symbolisiert Barmherzigkeit. Die Goldfische im Teich stehen für inneren Reichtum.

C  Im Eingangsbereich des Tempels ist ein Kessel voller Räucherstäbchen. Daneben ist wieder eine Statue. Die Handhaltungen der Statuen haben unterschiedliche Bedeutung. Wenn der Arm herunterhängt, alle Finger ausgestreckt sind und die Handfläche zum Betrachter gerichtet ist, bedeutet dies Barmherzigkeit.

D  Vor der großen Halle ziehen wir unsere Schuhe aus.

E  Vor der Buddhastatue in der Mitte sind viele Blumen und Schmuck aufgestellt. Wir drücken so Ehrfurcht vor Regeln und Leben des Buddhas aus. Blumen sind auch ein Sinnbild: Sie zeigen, wie Leben aufblüht und vergeht; wie vergänglich es ist.

F  Lotusblüten finden sich auch aus Stein auf der Mauer und innen als Verzierungen. Sie erinnern uns an die Möglichkeit der Erleuchtung.

# E Meine Geschichte: Sariputta

Anna erzählt: Der Stellvertreter des Buddha hieß Sariputta. Er lebte mit seinen Schülern in einem eigenen Kloster. Eines Tages kam ein wichtiger Mann zu Besuch. Die Schüler erzählten ihm über ihren Lehrer: „Sariputta ist unser Vorbild. Er bleibt immer voll Gleichmut und Freundlichkeit. Selbst wenn jemand ihn ärgert, ändert das nichts. Und sogar wenn jemand ihn schlüge, würde er gleichmütig bleiben."

Der wichtige Mann runzelte die Stirn: „Vielleicht hat ihn ja noch niemand so richtig geärgert und geschlagen." Dann überlegte er für sich: „Das sollte ich eigentlich einmal ausprobieren. Ich glaube, es gibt keinen Menschen, der nicht irgendwann wütend wird."

Der Mann wartete einfach, bis Sariputta sich mit ein paar Helfern aufmachte. Dann ging er hin und schlug ihm kraftvoll ins Gesicht. Sariputta wandte den Kopf, sah ihn überrascht an und fragte: „Was war das?" – Der Mann machte den Mund auf, konnte aber nichts antworten. Da setzte Sariputta freundlich lächelnd seinen Weg fort.

Der Mann war verblüfft über die Gleichmut des Meisters, und mehr: Er bekam ein schlechtes Gewissen. Schnell warf er sich vor Sariputta hin und entschuldigte sich: „Ich bitte um Verzeihung, Meister. Es tut mir leid, was ich gemacht habe."

„Wovon redest du?", fragte der.

„Ich habe nicht geglaubt, dass du so gleichmütig bist und wollte es deshalb mit einem Schlag ausprobieren."

Sariputta nickte: „Einverstanden. Ich verzeihe dir."

Der Mann war sich nicht sicher, ob dieser Satz ernst gemeint war. Er wollte sich wieder besser fühlen und sagte: „Komm bitte mit mir, ich lade dich zum Essen ein."

Die Begleiter von Sariputta waren empört über den Vorfall. Und als ihr Meister in das Haus des Mannes treten wollte, sagten sie: „Da kommen wir nicht mit. Lieber Meister, dieser Mann ist ein übler Mensch. Du hast erlebt, wie er andere behandelt. Das geht doch nicht. Geh doch nicht zu so einem ins Haus!"

Sariputta fragte: „Was hat der Mann getan?"

„Er hat dich ins Gesicht geschlagen!", antwortete ein Schüler.

„Stimmt", sagte Sariputta, „*Mich* hat er geschlagen. Und *ich* habe ihm verziehen. – Ihr müsst aber nicht mit. Ich aber gehe allein hinein."

Den Schülern ließ das Ganze keine Ruhe. Am Abend erzählten sie dem Buddha, was seinem Stellvertreter Sariputta passiert war. Sie sagten: „Das geht doch nicht. Niemand wird ihn mehr ehren und würdig behandeln. Erst wird er einfach so geschlagen und dann isst er auch noch mit diesem Mann. Die Leute werden einfach über so viel Dummheit lachen."

Buddhismus – E2

Der Buddha erklärte ihnen seine Lehre und sagte am Ende: „Sariputta hat erreicht, worauf es ankommt. Er erlebt keinen Ärger und keine Wut mehr. Wenn er einem Menschen sagt: ‚Ich verzeihe dir', dann hat er wirklich verziehen. Er durchschaut das Verhalten der Menschen. Und er handelt so, dass es ihnen hilft. Das ist das Ziel des Weges. Wer so weit gekommen ist, behält seine Würde."

Nach P. H. Köppler

1. Schreibe auf, was dir an der Geschichte aufgefallen ist und was dir gefällt!

2. Spielt die Geschichte bis: Sariputta nickte: „Einverstanden. Ich verzeihe dir." – Dann erfindet eine neue Szene, in der sich die Schüler *sofort* einmischen. Erste Ideen für das folgende Gespräch könnt ihr in den Sprechblasen notieren:

3. Kannst du dir vorstellen, so gleichmütig zu werden? Schreib deine Überlegung auf und begründe sie! In einem zweiten Schritt diskutiert eure Überlegungen in der Gruppe.

Buddhismus – F1

# F Wie wir unsere Religion verstehen

Anna erzählt: Ich habe ein Mitglied unserer buddhistischen Gruppe gefragt, ob er aufschreiben kann, was Buddhismus ist. Hier sein Vorschlag:

*Lehre*

Die buddhistische Lehre geht auf Siddhartha Gautama zurück. Er lebte vor 2400 Jahren und wurde Buddha – „der Erwachte" – genannt. Man kann seine Lehre mit folgenden Begriffen veranschaulichen:

– Ethik – Wie verhalte ich mich?

– Meditation – Klarheit im Kopf schaffen! Überzeugungen verinnerlichen!

– Weisheit – Wie lebe ich gelassen, maßvoll, zielorientiert nach Buddhas Lehre?

Das Ziel des Lebensweges ist innerer Frieden: die Befreiung von Unwissen sowie allen Zwängen des Begehrens und des Hasses, von allem Leid.

Als Beispiel betrachte ich den – für alle Buddhisten – empfohlenen Weg der Meditation. Er hilft, Ethik zu verinnerlichen und Weisheit als Chance zu begreifen. Was geschieht, wenn wir meditieren? Die Meditation lässt den Menschen im Alltag innehalten. In dieser Zeit sind wir ganz für uns. Körperbeobachtung und Atembetrachtung stehen im Mittelpunkt. Aufkommende Gedanken erkennen wir – und lassen sie verschwinden. Das üben wir regelmäßig. Auf weiteren Stufen der Meditation werden tiefere Einsichten in die Lehre Buddhas gewonnen. Mit anderen Meditationsweisen überprüfen wir das eigene Verhalten. Das ist der Weg einer zufriedenen und achtsamen Lebenshaltung.

*Lebensorientierung*

Mit fünf Verhaltens-Übungen und dem „Achtfachen Pfad" hat der Buddha umfassende Hinweise zur praktischen Lebenshaltung gegeben. Als Beispiel wähle ich eine dieser acht Empfehlungen – die der „Rechten Rede".

In einer Prüf-Meditation wollen wir uns darauf konzentrieren. Ich überlege mir dann beispielsweise:

Mit welcher Sprache gehe ich auf andere zu? Erinnere ich mich an eine unangenehme Situation der vergangenen Tage? Durch welches Verhalten habe ich eventuell Leid ausgelöst? Habe ich selbstgerecht gesprochen und andere vor den Kopf gestoßen? Was tue ich ab sofort, um nicht mehr die Ursache für das Leid anderer zu sein? Vielleicht schweige ich? Höre einmal bewusst hin – und erfahre etwas von den Bedürfnissen meiner Mitmenschen.

In unseren Schriften heißt es wiederholt: Erkenne dich selbst! Ich bemühe mich um Klarheit: Was sind meine Wissenslücken, Vorurteile, Abneigungen, Vorlieben usw.? Erkenne die Wirklichkeit! Wir Buddhisten sind zuallererst gehalten, die uns umgebende Wirklichkeit so wahrzunehmen, wie sie ist, sie genau anzuschauen – ohne zu urteilen.

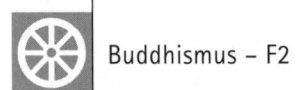

Welche Ursachen bewirken was? Welche Umstände sind zu beachten? Meditieren hilft Gefühle und Sachverhalte auseinanderzuhalten.

Nicht nur die Sprache der Mitmenschen – auch Mimik und Tonfall können Hinweise sein.

Ich überdenke in Ruhe die Geschehnisse. Mir wird bewusst, wie ich mein Verhalten angemessen ändern kann: „Erkennen, nicht tadeln, ändern", so empfahl es die namhafte deutsche Buddhistin Ayya Khema.

Schließlich geschieht zweierlei: Am Ende aller Meditationen löse ich mich von allem; alle inneren Kommentare klingen aus. Ich stehe auf und mir ist klarer, was zu tun und was zu lassen ist. Vielleicht findet eine Entwicklung statt und meine Verhaltens-Änderung wird auch für andere erkennbar werden.

*Rituale*

Für die tägliche Praxis machen viele von uns Sitz-Meditationen zu Hause oder in einer Gruppe. Wichtig ist eine ungestörte Zeit und ein geschützter Ort. Bilder helfen uns, zum Beispiel sich die Buddha-Ausstrahlung des Mitgefühls vor Augen zu führen. In einigen Schulen Tibets werden Mandalas meditativ betrachtet, um das Durcheinander der äußeren Welt auf übersichtliche Formen und Zusammenhänge zurückzuführen. Auch der Blick auf das Foto eines vertrauten Lehrers (oder einer Lehrerin) kann neue Zuversicht schaffen. Das ruhige Licht einer Kerze und der Duft eines Räucherstäbchens vertiefen eine rituelle Erfahrung. Aus dem reichhaltigen Angebot buddhistischer Schriften wählen wir Texte aus: Wir lesen sie laut und vertiefen uns darin.

*Gemeinschaft*

Viele von uns praktizieren in einer buddhistischen Gemeinschaft. Wir meditieren zusammen und nehmen an Ritualen gemeinsam teil. Nach einer Praxis können wir Stimmungen und Gedanken austauschen. So erleben wir Mitfreude, wenn wir sehen, wie tief Buddhas Lehre bei anderen verwurzelt ist. Und gewöhnlich sprechen wir auch über Situationen der vergangenen Tage – angenehme wie unangenehme.

Nach Jörg Linder, Buddhist in Hannover, in diversen deutsch-buddhistischen Gremien tätig.

1. Markiere die wichtigsten Aussagen des Textes; fasse sie auf einem Extra-Blatt mit deinen Worten zusammen.

2. Mache eine Umfrage unter Erwachsenen: „Was tun Sie, um für sich Klarheit im Kopf zu erreichen? Meditieren Sie? Machen Sie etwas anderes?"

3. Vielleicht gibt es an deiner Schule Lehrer, die meditieren. Erkundigt euch nach deren Erfahrungen! Vielleicht könnt ihr selbst eine Meditation ausprobieren?

# G Kreativer Impuls: Der Weg

Anna erzählt: Durch einen Mann namens Siddhartha entstand der Buddhismus. Dazu gibt es folgende Geschichte:

A. Es war einmal ein junger Mann, der hieß Siddhartha. Er hatte das schönste Leben, das man sich vorstellen kann. Er war ein Prinz, hatte viele Reichtümer und lebte in einem Palast. Er war mit einer schönen Frau verheiratet und hatte einen kleinen Sohn. Sein Vater versuchte, alles, was traurig und unschön war, von ihm fernzuhalten. Aber ganz froh war Prinz Siddhartha nicht.

B. Eines Tages fuhr er mit seinem Diener in einem Wagen umher. Er hatte sich schön angezogen und einen Diamantring am Finger. Er wollte den Tag genießen. Doch bei der Ausfahrt entdeckte er etwas, was er im Palast nie erfahren hatte: die unschöne Seite des Lebens. Auf dem Weg trafen sie einen kranken Menschen mit stumpfen Augen, der sie um Hilfe anflehte.

C. Am nächsten Tag fuhren sie wieder aus. Diesmal begegneten sie einem Menschen, der schon sehr alt war. Seine Stirn war voller Falten. Er hatte nur noch wenige weiße Haare und ging mit krummem Rücken schmerzgebeugt an einem Stock.

D. Auch bei einer dritten Ausfahrt hätte alles sehr schön sein können. Die Sonne schien bei einem angenehmen Wind, Blumen blühten. Da entdeckten sie am Weg eine Leiche. Sie roch schon und war von Fliegen bedeckt.

E. Siddhartha hatte an drei Tagen entdeckt, dass das Leben nicht einfach schön ist, sondern voller Leid. Er saß danach in seinem Palast und dachte nach. Er verstand, dass Krankheit, Alter und Tod mit dem Leben verbunden sind. Auch wenn sein Vater es ihm nicht gezeigt hatte, das Leid war da.

F. Auf einer vierten Ausfahrt ging ein Wandermönch neben ihrem Wagen her. Der Mönch wirkte einfach froh. Siddhartha war verblüfft. Dieser Mönch hatte keinen Reichtum, keine Frau, kein Kind, keine Diamanten und schien dennoch glücklich.

G. In der folgenden Nacht verließ Siddhartha den Palast für immer. Er wollte herausfinden, wie man das Leid hinter sich lassen kann. Er aß nichts, trank nichts, machte schwierige Körperübungen, aber es half ihm nicht.

H. Dann setzte er sich unter einen Feigenbaum und versank in Meditation. Nach drei Tagen und drei Nächten verstand er. Er war wie aus langem Schlaf erwacht. Er verstand, warum das Leben aus Leid besteht und wie man sein Entstehen vermeiden kann. Er nannte diesen Weg den „Achtfachen Pfad" zur Befreiung von den Ursachen des Leids. Siddartha wurde nun Buddha genannt, das heißt: der Erwachte.

Buddhismus – G2

Hier sind acht Felder. Male zu jedem Absatz der Buddha-Geschichte (A–H) ein Bild. Es kommt darauf an, dass du auf deine Weise die Szenen erfasst. Auch Strichzeichnungen genügen.

> Überlege: Buddhisten sagen, dass du mit Gelassenheit die Ursachen für das Leid in der Welt verringerst. Diskutiert darüber!

# A Ich bin Jude

Ich bin Ben, 14 Jahre alt und Jude. Unser Volk hat vor mehr als 3000 Jahren einen Bund mit G'tt geschlossen. G'tt hat versprochen, unser G'tt zu sein. Als Dank wollen wir seinen Weisungen folgen und sie genau einhalten. Dazu lesen wir regelmäßig, was G'tt uns sagt. Zu den Weisungen gehört der **Schabbat**. Das ist unser Ruhetag einmal in der Woche. Niemand darf dann arbeiten.

Ich mag, wie man bei uns im G'ttesdienst singt, und auch unsere Gebete. Und die Feste. Da gibt es eine leckere Speise aus Kichererbsenmus, **Hummus**. Die kommt aus Israel und schmeckt.

Unser Zeichen ist ein siebenarmiger Leuchter. Solche Leuchter haben in unserem alten Tempel in Jerusalem gestanden. Durch Kriege gingen sie verloren. Der letzte Leuchter wurde von den Römern im Jahr 70 bei der Zerstörung des Tempels geraubt und nach Rom gebracht. So erinnert das Zeichen uns an den Tempel und an die alte Stadt Jerusalem. In ihr lebten viele unserer Propheten und große Könige. Heute hat der Leuchter keine praktische Bedeutung mehr, aber viele haben ihn als Schmuckstück in ihrem Wohnzimmer. Wir nennen den Leuchter **Menora**.

Ein anderes Zeichen in unserer Religion ist der sechszackige Stern rechts. Man nennt ihn auch **Davidstern**. Er ist erst im Mittelalter entstanden. Manche sagen, er war das Zeichen auf dem Schild von König David. Daher nennen wir ihn „Schild Davids" (auf hebräisch klingt das: „Magen David").

Wir behandeln alles, was mit G'tt zu tun hat, mit großer Vorsicht. Daher ist es neuerdings ein Brauch, das Wort G'tt nicht voll auszuschreiben. Auf diese Weise vermeiden wir, dass das voll geschriebene Wort im Müll landet oder beschmutzt wird. Man kann es aber ganz normal aussprechen. Viel wichtiger ist es uns übrigens, den heiligen Eigennamen G'ttes nicht zu verwenden.

Meinen Arbeitsblättern kannst du einen **blauen** Rand geben. Ein jüdischer Gebetsschal hat meist blaue Streifen oder blaue Fransen. Daher steht die Farbe blau besonders für das Judentum.

1. Ein Künstler hat das Zeichen oben links auf der Seite für „Judentum" gemalt. Entwickle eine eigene Form des Zeichens oder eine Zeichenkombination für Bens Religion!
2. Stellt in Partnerarbeit einen „Forschungsplan" zusammen: Wie könnt ihr mehr über Bens Religion herausfinden? Was möchtet ihr alles wissen?

## B Interview mit Ben

*Hallo Ben, kannst du dich kurz vorstellen?*

Ich bin Ben, 14 Jahre alt und Jude. Ich schwimme gern und fahre gern Fahrrad. Ich lese auch manchmal. Zur Zeit gehe ich aufs Gymnasium.

*Kommen wir zu deiner Religion. Du bist Jude. Wie bist du zu deinem Glauben gekommen?*

Jude ist jeder von Geburt an, der eine jüdische Mutter hat. Bei mir ist das nicht so, mein Vater ist Jude. Ich habe mich erst letztes Jahr im Februar endgültig dafür entschieden, Jude zu werden. Ich bin in Ecuador geboren. Als ich 2 Jahre alt war, sind meine Eltern mit mir nach Deutschland gezogen. Zu Hause habe ich nicht so viel vom Judentum erlebt. Dann war ich jede Woche zweimal bei einer jüdischen Freundin meiner Mutter. Da waren auch jüdische Kinder. Ich war oft am Freitag da und dann habe ich immer mitbekommen, wie die Kerzen zum Schabbat angezündet wurden (an unserem Ruhetag). Ich habe mich daran gewöhnt. Mit 12 Jahren habe ich angefangen, koscher zu essen (also nach jüdischen Vorschriften).

Dann war ich noch einmal in einer christlichen Kirche und da hab' ich mir gedacht: Judentum find ich besser. Da kann ich auch gleich Jude werden.

*Wie würdest du aus deiner Sicht den jüdischen Glauben beschreiben?*

Naja, da muss ich erst einmal überlegen. Also auffallend ist, dass das Wichtigste überhaupt nicht wie bei den Christen die ganzen biblischen Bücher sind, sondern nur die fünf Bücher Mose. Wir nennen sie Tora. Man glaubt schon, dass es Jesus gegeben hat. Aber nicht, dass er etwas so Besonderes war, sondern wir sehen ihn als jüdischen Rabbiner, also einen Lehrer.

*Welche drei Dinge gefallen dir besonders an deiner Religion?*

Die Feste. Da merkt man dann: Alle glauben dran, alle kommen. Das ist schon ganz nett. Ich mag auch, wie man im G'ttesdienst singt und auch die Gebete. Und dann mag ich Hummus, den Kichererbsenbrei.

*Wie oft trefft ihr euch in eurer Gemeinde? Gibt es religiöse Aktivitäten, zu denen du gehst oder bei denen du mitmachst?*

Das ist unterschiedlich. Eigentlich treffen wir uns immer freitagabends zum Schabbat-G'ttesdienst oder auch samstagmorgens. Wenn Feste sind, gehen wir oft in die Synagoge. Andere Aktivitäten mache ich nicht.

*Wie oft betest du?*

Eigentlich nur, wenn am Schabbat abends die Kerzen angezündet werden. Das ist also am Freitagabend. Und wenn man in den G'ttesdienst geht. Sonst eigentlich eher nicht. Sehr fromme Juden beten häufiger, dreimal am Tag.

*Gibt es ein Fest zur Religionsmündigkeit?*

Ja, für uns Jungen ist das die Bar-Mizwa. Das macht man, wenn man 13 Jahre alt ist. Bei den Mädchen heißt das Bat-Mizwa. Die sind dann 12 Jahre alt. – Der Bar-Mizwa-Unterricht war manchmal hart. Man musste sehr viel lernen: die ganzen Zeichen, Hebräisch lesen. Unser Glaubensbekenntnis, das Sch(e)má Jisrael, Hebräisch lernen ... Aber wenn man es hinter sich hat, denkt man: Das war ja gar nicht so schwer. Am Tag der Bar-Mizwa gibt es dann ein großes Fest. Ich habe aus der Tora vorgelesen und man bekommt massenhaft Geschenke.

*Erlebst du Vorurteile?*

Nee! Meine Klassenkameraden fragen mich aber manchmal: „Wie ist das? Wie ist dies? Habt ihr das im Judentum auch?" Die sind mir gegenüber alle ganz offen.

*Vielen Dank für das Interview!*

Das Interview führte Juliane Oelker

1. Markiere Begriffe im Text, die neu für dich sind.
2. Schreibe einen Brief an Ben! Erzähle ihm, was dir an seinem Interview aufgefallen ist und was dir gefällt:

*Lieber Ben,*

___

___

___

___

___

___

___

*Schöne Grüße,*

Judentum – C1

## C Wir besuchen meine Synagoge

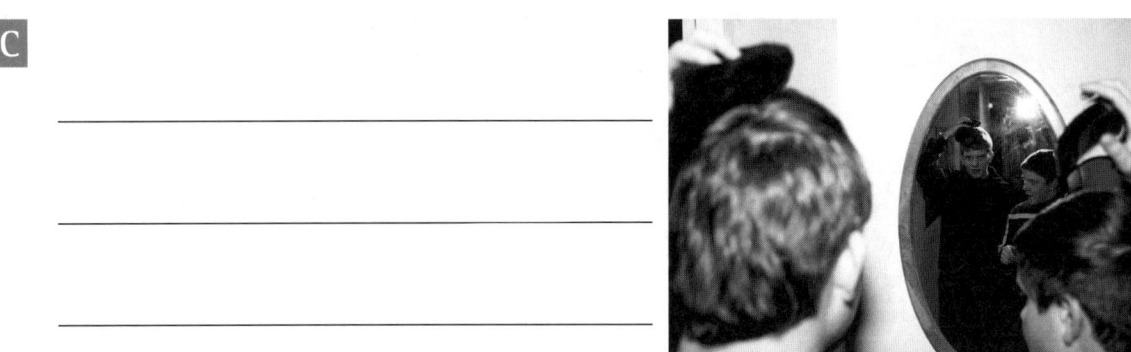

Judentum – C2

E

F

G

H

Judentum – C3

Der Tallit ist ein Gebetsschal. Jungen und Männer, manchmal auch Mädchen und Frauen gebrauchen ihn für ihr Morgengebet oder für Gebete am Schabbat. An den vier Enden sind drei kürzere Fäden und ein längerer zu Quasten gebunden. Sie erinnern uns an die Weisungen und Gebote G'ttes. Bei Gebeten oder G'ttesdiensten werden die Quasten geküsst. Damit wird die Ehrfurcht gegenüber G'ttes Weisungen ausgedrückt.

I

_____

_____

_____

J

_____

_____

_____

K

_____

_____

_____

1. Auf diesen Arbeitsblättern siehst du, wie fünf Freunde Ben besuchen.

2. Sieh dir die Bilderserie zuerst still an. Schreibe mit Bleistift auf, was du auf jedem Bild siehst. Es geht um *deine* Wahrnehmung. Lass etwas Platz frei.

3. Dann liest einer von euch den Text zu den Bildern (Judentum-C4, Bedeutungsblatt). Schreibe nun mit einem anderen Stift in Stichworten zu den Abbildungen die *Bedeutung für Ben* dazu.

# Bedeutungsblatt

A. Es hat bei uns in der Synagoge geklingelt. Ich schaue hier auf den Bildschirm und rufe in den Hörer: „Komme gleich." Leider ist solch eine Sicherungsanlage mit Bildschirm bei uns nötig. Immer wieder bedrohen Menschen jüdische Häuser. Wir sichern uns daher ab. Aber hier kommt froher Besuch.

B. „Schalom!", so begrüße ich die Ankommenden und lasse sie herein. Schalom heißt „Frieden".

C. Vor dem Synagogenraum muss jeder Junge oder Mann eine Kippa aufsetzen oder eine andere Kopfbedeckung. So drücken wir unsere Ehrfurch gegenüber G'tt aus.

D. Ich ziehe mir zusätzlich einen Gebetsschal an. Der Schal heißt „Tallit".

E. Ich küsse eine der Fransen. Die Fransen erinnern mich an G'ttes Weisungen. Ich drücke so meine Ehrfurcht gegenüber G'ttes Weisungen aus.

F. Ich öffne den Vorhang zum Tora-Schrein. Darin sind die kostbaren, handgeschriebenen Buchrollen. In den Buchrollen steht G'ttes Weisung für uns.

G. Die Buchrollen sind schön mit Kronen und einer Mantelhülle geschmückt, um jedem zu zeigen, wie wertvoll ihr Inhalt für uns ist.

H. Ich hebe eine Rolle heraus. Sie wiegt so viel wie ein schwerer Koffer.

I. Dann ziehe ich erst die Kronen ab, als Nächstes den Schild. Danach kommt der rote Mantel dran. Kronen, Schild und in unserem Fall ein roter Mantel drücken die königliche Würde der Tora aus.

J. Ich rolle einen Abschnitt der Tora auf dem Pult, der Bima, aus. Was in dieser Rolle geschrieben steht, ist Jüdinnen und Juden heilig. Wir lesen regelmäßig in der Tora.

K. Die Schrift auf der Rolle heißt „Hebräisch". Ich benutze einen Jad zum Lesen. Das ist ein kleiner Stab, um in der richtigen Zeile zu bleiben. Die Rolle ist zu kostbar, um sie mit der Hand zu berühren. Ich lese G'ttes Weisungen für unser Volk.

Judentum – D1

## D Meine Synagoge

Dies ist eine Skizze von meiner Synagoge.

1. Auf einem zweiten Blatt (D2) findest du Fotos von den Gegenständen der Synagoge. Suche die Gegenstände A bis F in der Skizze und kennzeichne die jeweiligen Stellen mit dem passenden Buchstaben. Schreibe ein passendes Stichwort dazu.

2. Du kannst die Fotos auf dem zweiten Blatt auch ausschneiden und um die Skizze herum kleben. Dann ziehst du einen Pfeil vom Foto zur passenden Stelle auf der Zeichnung. Schreibe ein Stichwort neben den Pfeil.

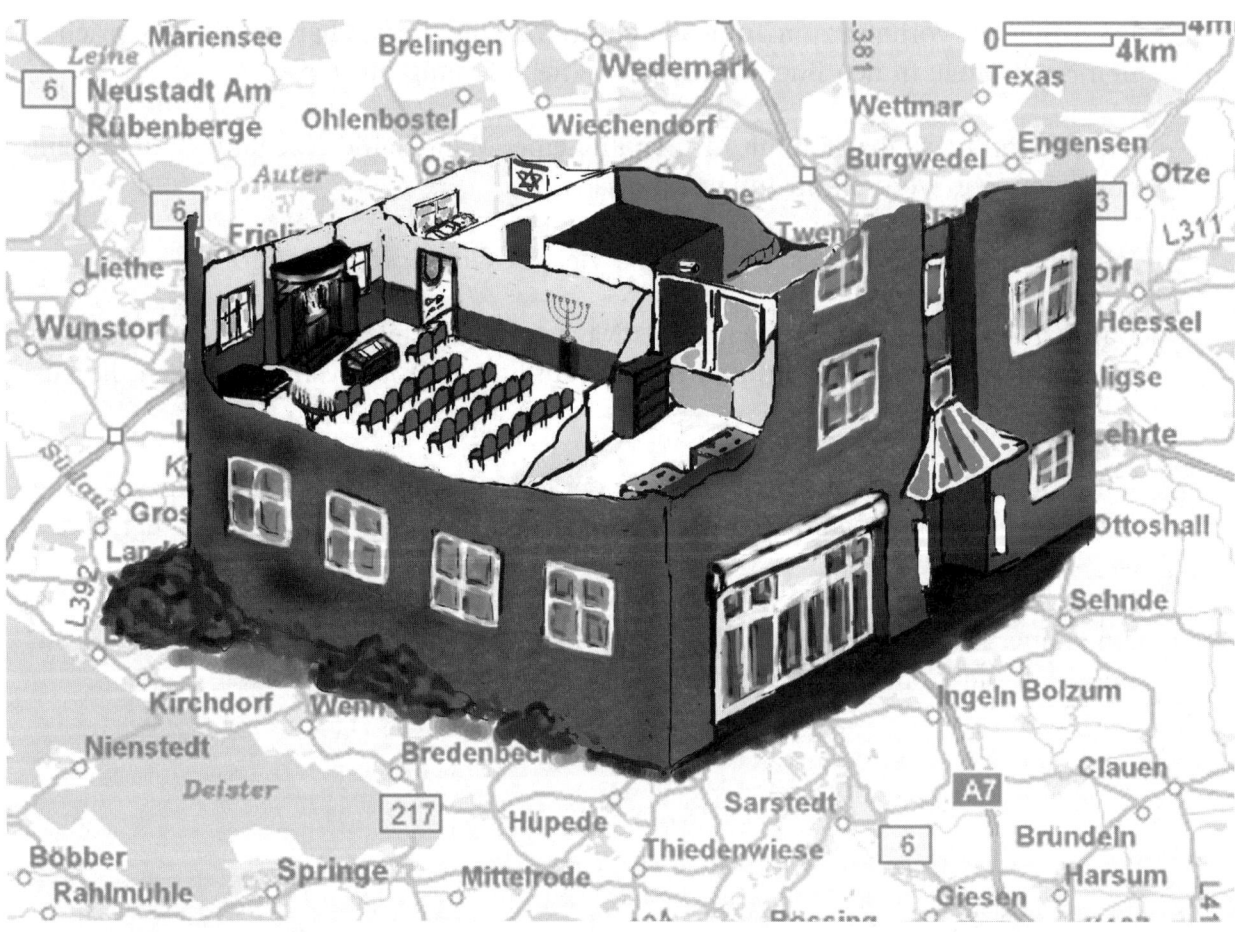

Bens Synagoge

Ben erklärt Gegenstände aus der Synagoge:

A  In jeder Synagoge in Deutschland befindet sich eine Überwachungsanlage. Sie hilft uns, uns abzusichern. Es gibt auch Geräte, um die Post zu prüfen, ob nichts Gefährliches darin ist.

B  Vor diesem Spiegel können Gäste eine Kippa aufsetzen. Im Synagogenraum sind Kopfbedeckungen für Jungen und Männer Pflicht. Viele Juden tragen immer eine Kippa.

C  Im Toraschrein stehen die Tarorollen. Unser Wort für diesen Schrein ist Aaron haKodesch, das heißt heilige Lade. Es ist dasselbe Wort wie für die Lade, in der die Israeliten vor dreitausend Jahren die Zehn Gebote aufbewahrten. Der Schrein ist in Richtung Jerusalem aufgestellt.

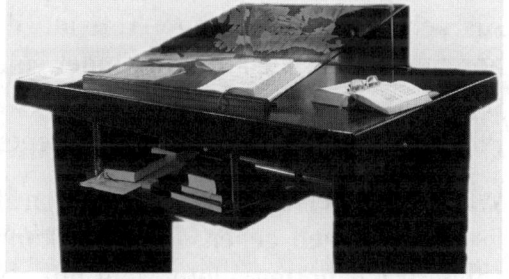

D  In einer Synagoge gibt es einen Tisch, die Bima. Es ist ein Pult zum Lesen. Im G'ttesdienst am Schabbat lesen sieben Personen aus unserer heiligen Schrift vor.

E  Der Leuchter mit acht oder neun Armen ist der Chanukka-Leuchter. Er wird zum Chanukka-Fest angezündet. Dabei erinnern wir uns an eine Wiedereinweihung des Tempels vor mehr als 2170 Jahren.

F  Der Leuchter mit sieben Armen heißt Menora. Er erinnert uns an unseren Tempel, der zerstört wurde. Auf diesem Leuchter werden keine Kerzen angezündet. Er dient so, wie er ist, der Erinnerung.

Judentum E1

## E Meine Geschichte: Befreiung

Ben erzählt: Jedes Jahr erinnern wir uns wieder an ein großes Ereignis unseres Volkes. Am Sederabend sitzt unsere ganze Familie zusammen. Wir denken daran, wie es unserem Volk einst ergangen ist. Wir beziehen diese Ereignisse auf uns und unsere Gegenwart. Daher erzähle ich so, als wäre ich dabei gewesen, obwohl seit dem Jahrtausende vergangen sind:

Wir mussten in Ägypten als Sklaven schuften. Aufseher passten auf und schlugen uns, wenn es nicht schnell genug ging. Wir stöhnten und konnten doch nichts machen, denn die Ägypter waren stärker. Schließlich befahlen die Ägypter sogar, alle neugeborenen Jungen unseres Volkes zu töten.

Damals lebte Mose. Er war einer von uns, aber er hatte eine ägyptische Erziehung bekommen und später in der Wüste als Hirte gearbeitet. Dort war ihm G'tt begegnet. Und G'tt hatte ihm den Auftrag gegeben, uns zu helfen.

Mose versuchte zuerst, den König von Ägypten, den Pharao, zu überzeugen, unser Volk aus der Sklaverei freizugeben. Er sagte dem Pharao: „Lass mein Volk frei!" Neunmal versuchte er es. G'tt schickte bei jedem Mal zur Unterstützung Plagen über Ägypten. Riesige Heuschreckenschwärme kamen, überall waren Frösche, der Nil wurde blutrot und vieles mehr geschah. Jedes Mal ging Mose erneut zum Pharao und sagte wieder: „Gib mein Volk frei!", aber es half nichts. Der Pharao ließ das Volk nicht gehen.

Als zehnte Plage kündigte G'tt an, dass alles Erstgeborene sterben werde. Mit Erstgeborenen waren alle ältesten Kinder einer Mutter und auch eines Muttertieres gemeint. G'tt sagte uns zuvor, wie wir uns schützen konnten: Wir sollten ein Lamm schlachten und die Pfosten des Hauses mit Blut bestreichen. Tatsächlich zog das Verderben an uns vorüber.

Währenddessen saßen wir in unseren Häusern und hatten alles zum Aufbruch vorbereitet. Es sollte schnell gehen. Das Brot konnte nicht mehr mit Hefe oder Sauerteig aufgehen, sondern wir hatten allein Mehl mit etwas Wasser gemischt und es gebacken. Wir waren reisefertig angezogen.

Inzwischen starb bei den Ägyptern alles Erstgeborene. Die Ägypter und der Pharao waren so in Furcht, dass sie uns noch in derselben Nacht fortschickten. Wir brauchten keine Sklaven mehr zu sein. Weil wir schon alles bereit hatten, gingen wir sofort los. Mose führte uns durch die Wüste, und wir aßen unser ungesäuertes Brot.

Doch plötzlich am Ufer des Roten Meeres merkten wir, dass wir verfolgt wurden. Die Ägypter hatten es sich anders überlegt und jagten uns mit Streitwagen nach. Wir stöhnten: War alles vergebens gewesen?

Da hob Mose den Arm. Ein Ostwind kam. Das Meer teilte sich, und wir konnten hindurch ziehen. Als die Ägypter mit ihren Wagen hinterher jagten, kam das Wasser zurück, und sie gingen unter. Die Armee unserer Sklavenhalter war vernichtet. Wir waren endlich frei und haben uns seitdem jedes Jahr in einer Feier daran erinnert.

Einige unserer Lehrer sagen, dass es bei der Feier auch um das Erschrecken über die Opfer der Befreiung gehen soll. So verbindet sich bei der Feier beides: Erschrecken, aber auch die Freude, nicht mehr Sklave zu sein.

©Foto: Werner Milstein

1. Betrachte das Relief (Bild links): Welche Szene aus der Geschichte ist darauf abgebildet? Trage eine Bildunterschrift ein.

2. Mit diesen Ereignissen verbindet sich bei uns ein ganzes Fest. Dabei essen wir bittere Kräuter und denken an die bitteren Leiden von damals. Ein Fässchen Salz erinnert an die salzigen Tränen. Ein Knochen steht für das geschlachtete Lamm. Diese und andere Zutaten finden sich auf dem Teller (Bild rechts). Suche im Internet oder in Büchern nach dem Namen des Festes! Was passiert noch an dem Festabend?

3. Entwerft in Partnerarbeit ein kleines Theaterstück – eine eigene Geschichte, die heutzutage spielt. Das Thema ist „G'tt hilft den Schwachen – starkem Widerstand zum Trotz". Das Stück hat drei Szenen. Überlegt zuerst, wer die Schwachen sind. Worin liegt der Widerstand? Wie hilft G'tt? Welche Möglichkeiten für G'ttes Hilfe gäbe es noch?

Judentum F1

# F Wie wir unsere Religion verstehen

Ben erzählt: Ich habe ein Mitglied unserer jüdischen Gemeinde gefragt, ob er aufschreiben kann, was Judentum ist. Hier findet ihr seinen Vorschlag.

*Lehre*

Mit Abraham fängt unsere Geschichte an. Abraham hat unseren Glauben begründet, den ersten Glauben der Welt an nur einen G'tt. Er gab seinen Glauben seinem Sohn Isaak weiter, dieser seinem Sohn Jakob (auch „Israel" genannt) und der wieder seinen zwölf Söhnen. Diese Zwölf wurden die Begründer der Stämme Israels. Von dort aus ging der Glaube in Israels Geschichte ein und in die Geschichte der Menschheit.

G'tt schloss damals einen „Bund" mit Abraham, später kam der Bund mit dem ganzen Volk Israel dazu. Aufgrund dieses Bundes hat der eine G'tt aller Menschen mit Israel eine ganz besondere Beziehung. Jeden Tag rufen wir sie uns mit einem Vers neu in Erinnerung: „Höre Israel, der Ewige, unser G'tt, ist G'tt der einzig Eine" (5. Buch Mose 6,4). Diese Worte geben unserem Glauben Ausdruck. Wir rufen uns in Erinnerung, dass der eine G'tt der ganzen Welt sein Volk Israel Jahrtausende begleitet hat.

G'tt sollte man sich nicht menschlich vorstellen. G'tt ist nicht leiblich oder gegenständlich. Er darf auch nicht leiblich oder gegenständlich dargestellt werden. Die Ausdrücke in der Tora „G'ttes Gesicht", „G'ttes Hand", „G'ttes Thron" sind symbolische Wendungen.

Grundlage unseres Glaubens ist die Tora (5 Bücher Mose), zusammen mit *Newi'im* (Propheten) und *Ketuwim* (Schriften). Alle drei werden *Tenach* genannt.

*Lebensorientierung*

Im Mittelpunkt unseres Glaubens steht die Überzeugung, dass G'tt den Menschen auch seine Gebote und Absichten mitteilte. Der lebendige G'tt schuf die Menschen und stattete sie mit einem freien Willen aus. Sie können sich nach G'ttes Geboten richten oder auch nicht.

Das ganze Wesen unseres Judentums beruht auf der Anerkennung seiner Gebote, seiner Absichten und seiner Weisungen. Dazu gehört ein besonderes Erlebnis in der Geschichte unseres Volkes: Es ist die Verkündung der Zehn Gebote am Berg Sinai. Schon damals hat G'tt unseren Vorfahren gesagt, wie sie handeln sollen. Es ist uns wichtig, dass wir uns auch heute daran halten. Dazu traten später Offenbarungen der Propheten Israels.

Unser Wort „Tora" kann mehre Dinge bezeichnen. Übersetzt bedeutet Tora Weisung, gemeint sind damit G'ttes Anweisungen. Tora kann als Gegenstand die 5 Bücher Mose meinen. In ihnen sind G'ttes Anweisungen aufgeschrieben. Das ist die schriftliche Tora. Tora schließt aber auch die mündliche Tora ein. Es bedeutet, dass viele Weisungen G'ttes mündlich weitererzählt wurden. Auch an ihnen orientieren wir uns.

Eine dieser Anweisungen ist der Schabbat. An diesem Tag halten wir Ruhe und arbeiten nicht. Der Schabbat beginnt am Freitagabend und endet am Samstagabend.

*Rituale*

Rituale verbinden sich für uns mit Erinnerung an unsere Geschichte. Wir feiern bei Jungen die Beschneidung und erinnern uns, wie es mit Abraham angefangen hat; wir feiern Hochzeit und Beerdigung und erinnern uns bei allem an G'ttes Geschichte mit unserem Volk. Im Jahreslauf gibt es verschiedene Feste, auch bei ihnen steht die Tora und die Geschichte Israels im Mittelpunkt. Beim Pessach-Fest denken wir zum Beispiel daran, wie G'tt unser Volk aus der Sklaverei befreit hat. Wir feiern es so, als ob wir selbst gerade befreit worden seien.

Regelmäßiges Gebet und gemeinsame G'ttesdienste in der Woche oder am Schabbat sind weitere Rituale. Aber auch das Lesen und Lernen aus den alten Schriften gehört dazu.

*Gemeinschaft*

Ein Jude ist, wer von einer jüdischen Mutter geboren wurde. In liberalen Gemeinden können Menschen auch zum Judentum übertreten, aber das sollte nur eine Ausnahme sein. Es müssen gute Gründe dafür vorliegen, denn einem Volk tritt man nicht einfach so bei.

Das Volk Israel begann als eine Familie, die von Abraham abstammte. Auf Grund ihres gemeinsamen Ursprungs betrachten sich die Juden überall in der Welt als Mitglieder einer großen Familie. Die Mitglieder dieser Familie fühlen sich dem Land Israel verbunden, auch wenn sie den Staat Israel nicht unbedingt schätzen.

Die Verbindung zwischen dem jüdischen Volk und dem Land Israel begann zur Zeit Abrahams (1 Mose 17,7–8). Auch nach der Zerstörung des Tempels und der Auflösung des jüdischen Reiches vor fast 2000 Jahren träumten Juden davon, eines Tages heimzukehren. Wo immer in der religiösen Literatur G'ttes Segen für Israel oder das Kommen des Messias erwähnt wird, bezieht sich dies auf die Rückkehr Israels in das Land Israel.

Nach Gabor Lengyel, angehender Rabbiner der liberalen jüdischen Gemeinde in Hannover

1. Markiere die wichtigsten Aussagen des Textes; fasse sie auf einem Extra-Blatt mit deinen Worten zusammen.

2. Frage Menschen in deiner Familie oder in deiner Nachbarschaft, ob es bei ihnen besondere Familiengeschichten gibt, die immer wieder erzählt werden! Gibt es auch Familiengeschichten, die mit Religion zu tun haben?

3. Sehr alte Menschen erinnern sich noch, wie Menschen während der Zeit der Nationalsozialismus verfolgt wurden. Ein großer Teil der Verfolgten waren Juden. Lass dir über diese Zeit erzählen.

4. Wenn es bei euch eine jüdische Gemeinde geben sollte, könnt ihr selbst einen jüdischen Menschen nach seiner Religion befragen.

Judentum G1

## G Kreativer Impuls:
## Eine Schriftrolle mit G'ttes Weisung

Ben erzählt: Die Tora ist unser heiliges Buch. In diesem Buch stehen G'ttes Weisungen. Die Tora in einer Synagoge ist immer auf einer Rolle geschrieben. Die Schrift ist Hebräisch. Ein Schreiber hat dafür etwa drei Jahre gebraucht. Dadurch ist die Rolle sehr teuer. Uns ist sie aber vor allem durch ihren Inhalt wertvoll.

Nimm ein leeres Din-A4-Blatt quer und zeichne Schreiblinien auf. Schneide das Blatt quer in der Mitte durch und klebe die beiden Streifen zusammen. Nun kannst du einen Bibelspruch auf die Schreiblinien schreiben. Klebe an die beiden äußeren Ränder je ein Holzstückchen. Dann rolle deine Schriftrolle von beiden Seiten je bis zur Klebnaht auf. Du kannst auch die Vorlage auf Blatt G2 benutzen. Hier sind einige Vorschläge für Bibelsprüche:

G'tt sagt:
Erschrick nicht! Ich werde dich beschützen.

Alle, die auf G'tt, den Ewigen, vertrauen, bekommen neue Kraft, als hätten sie Flügel wie ein Adler.

G'tt spricht zu mir: „Fürchte dich nicht, … ich habe dich bei deinem Namen gerufen; du gehörst zu mir!"

G'tt, der Herr, ist meine Stärke und mein Schild; auf ihn hofft mein Herz und mir ist geholfen!

G'tt hat seinen Engeln befohlen, dass sie dich behüten auf allen deinen Wegen.

G'tt spricht: Ich, der Ewige, dein G'tt, fasse dich bei der Hand und sage zu dir: Fürchte dich nicht, ich helfe dir.

Judentum G2

Wenn du willst, kannst du auch noch einen kleine „Jad" nachbasteln. Schneide die Hand und das Viereck darunter gemeinsam aus. Wenn du das Viereck von rechts zusammenrollst, erhältst du einen kleinen Stab, der als Lesehilfe dienen kann.

von dieser Seite aufrollen

Eventuell hier mit weiteren Streifen verkleben!

Karlo Meyer, Weltreligionen | © 2015, Vandenhoeck & Ruprecht GmbH & Co. KG, Göttingen

 Christentum A

## A Ich bin Christ

Ich bin Oliver, Christ und 14 Jahre alt. Jesus Christus ist der Mittelpunkt meiner Religion. Er hat vor 2000 Jahren gelebt und gezeigt, wie Gott die Menschen liebt.

Er hat alle Menschen in seine Gemeinschaft aufgenommen, ganz gleich, wer und was sie vorher waren. Durch ihn wissen wir, dass wir uns auf Gottes Liebe verlassen können. Die Feste und Feiertage gefallen mir bei uns besonders. Mir fällt gleich das Erntedankfest ein. Das mag ich gern – und Weihnachten natürlich.

Unser wichtigstes Zeichen ist das Kreuz. An einem Kreuz wurde Jesus Christus etwa im Jahre 33 getötet. Seine Anhänger waren damals sehr erschrocken: „Warum musste er so grausam sterben? Er hatte doch von Gottes Liebe erzählt!" – Einige Tage später sahen sie Jesus jedoch wieder. Sie verstanden: „Gott hat ihn auferweckt; Gott und Jesus gehören zusammen. Gott war auch im Kreuzestod mit Jesus verbunden." Sie begriffen, dass Gott bei allen Leidenden ist und dass sich darin Gottes Liebe zeigt. So ist das Kreuz auch ein Zeichen für Freude geworden: Gott ist auch bei denen, denen es schlecht geht. Der Künstler hat das bei dem Zeichen links auf der Seite so ausgedrückt, dass er an das Holzkreuz frische Triebe gemalt hat. Das Kreuz wird so zum Zeichen für neues Leben.

Ein anderes Zeichen sieht aus wie X und P. Das sind aber gar nicht unsere Buchstaben, sondern Griechische: das X ist ein „Chi" und wird „Ch" ausgesprochen, das P ist ein „Rho" wird „R" ausgesprochen. Es sind einfach die ersten beiden Buchstaben von Christus auf Griechisch.

Violett steht als Farbe für Christus. Er war zugleich Mensch (Rot wie Blut) und Gott (Blau für den Himmel). Rot und Blau ergeben violett. Du kannst die Ränder meiner Arbeitsblätter violett malen.

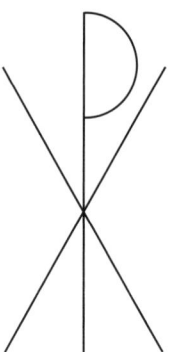

1. Ein Künstler hat das Zeichen oben für „Christentum" gemalt. Entwickle eine eigene Form des Zeichens oder eine Zeichenkombination für Christen!
2. Stellt in Partnerarbeit einen „Forschungsplan" zusammen: Wie könnt ihr mehr über Olivers Religion herausfinden? Was wisst ihr schon? Was möchtet ihr noch wissen?

# B Interview mit Oliver

*Wie alt bist du, Oliver, und was machst du in deiner Freizeit?*

Ich bin 14 Jahre alt. Ich spiele Fußball und kenne mich gut mit Computern aus. Ich spiele gern PC-Spiele. Außerdem treffe ich oft meine Freunde und wir spielen dann Basketball oder Tennis.

*Hast du schon einen Berufswunsch?*

Ja, den habe ich. Ich will Agrarwirtschaft lernen. Später möchte ich also mal was mit Landwirtschaft oder Landschaftsbau machen. Ich habe mal ein Praktikum beim Grünflächenamt gemacht. Das fand ich sehr interessant.

*Du bist Christ. Wie bist du zu deinem Glauben gekommen?*

Ich bin als Baby getauft worden und Christ von früh an. Meine Eltern sind zwar nicht mehr so gläubig, aber ich hab das halt von Anfang an alles so mitbekommen. Es war klar, dass ich mich auch für diese Religion entscheide. Ich wurde konfirmiert und habe mich selbst dafür entschieden.

*Wie würdest du den christlichen Glauben beschreiben?*

Oh, das ist eine schwierige Frage. Naja, wir haben einen inneren Glauben. Wir beten. Und wir haben Gott, aber nicht einfach so Gott, wir glauben an Gott, den Vater, den Sohn und den Heiligen Geist. Das ist schon nur ein Gott, aber dreimal gedacht. Man kann es auch einfacher sagen: Gott ist über uns, er ist an unserer Seite und er ist in uns.

*Welche drei Dinge gefallen dir besonders an deiner Religion?*

Schön ist, dass man zusammen in der Kirche betet. Ja, die Gottesdienste sind auch einfach ok. Sie sind immer unterschiedlich. Es gibt nie die gleichen Themen. Und die Feste, also die Feiertage, gefallen mir natürlich im Christentum.

*Wie oft trefft ihr euch in eurer Gemeinde?*

Wir haben da keine festen Zeiten. Wenn ich Lust habe, dann gehe ich in den Gottesdienst. Das kommt im Monat so ein- bis zweimal vor. Aber andere religiöse Aktivitäten mache ich nicht.

*Wie oft betest du?*

Ich bete nur in der Kirche mit den anderen. Zu Hause bete ich nicht.

Christentum – B2

*Hast du ein Lieblingsfest?*

Ja, da fällt mir gleich das Erntedankfest ein. Das mag ich gern, weil die Kirche da so schön geschmückt ist. Und Weihnachten natürlich. An den Feiertagen gehen wir als Familie zusammen in die Kirche.

*Gibt es ein Fest zur Religionsmündigkeit?*

Ja, natürlich. Das ist bei evangelischen Christen die Konfirmation. – Man geht 1–2 Jahre in den Konfirmandenunterricht. Dort lernt man viel über die Religion und über andere religiöse und kirchliche Dinge. – Den Unterricht fand ich auch immer gut. Er war nie langweilig. – Anlässlich der Konfirmation gibt es ein großes Familienfest und man bekommt sehr viele Geschenke. Das war echt toll!

*Vielen Dank für das Interview!*

Das Interview führte Juliane Oelker

1. Markiere Begriffe im Text, die typisch für die christliche Religion sind.
2. Schreibe einen Brief an Oliver! Erzähle, was dir an seinem Interview aufgefallen ist und was dir gefällt:

*Lieber Oliver,*

_____

_____

_____

_____

_____

_____

_____

*Schöne Grüße,*

Christentum – C1

# C Wir besuchen meine Kirche

A

_____
_____
_____
_____

B

_____
_____
_____
_____

C

_____
_____
_____

D

_____
_____
_____

## Christentum – C2

**E**

**F**

**G**

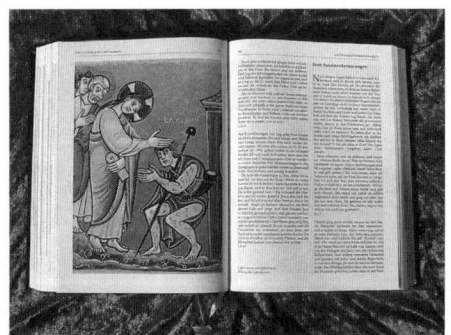

**H**

*Die Taufe hat für uns viele Bedeutungen. Sie ist Aufnahme in die Gemeinschaft der Kirche. Sie macht uns deutlich: Gott kann immer wieder Belastendes aus früheren Tagen von uns abwaschen, so dass wir neu anfangen dürfen. Mit der Taufe wird auch von Leben und Tod erzählt. Jesus Christus ist gestorben, wir werden sterben, aber eines Tages werden wir wie Jesus auferstehen.*

Christentum – C3

Auf diesen Arbeitsblättern siehst du, wie fünf Freunde Oliver besuchen.

1. Sieh dir die Bilderserie zuerst still an. Schreibe mit Bleistift auf, was du auf jedem Bild siehst. Es geht um *deine* Wahrnehmung. Lass etwas Platz übrig.

2. Dann liest einer von euch den Text zu den Bildern (Christentum-C4, Bedeutungsblatt). Schreibe nun mit einem anderen Stift in Stichworten zu den Abbildungen die *Bedeutung für Oliver* dazu.

Christentum – C4

## Bedeutungsblatt

Oliver erzählt von dem Besuch in der Kirche:

A. Hinter uns ist die Jugendkirche in Hannover. Sie sieht ein wenig aus wie eine Burg. Eine Kirche, die aussieht wie eine Burg, sagt mir: Gott schützt uns, bei ihm sind wir sicher.

B. Ich habe beim Küster den Schlüssel besorgt und öffne den anderen die Tür. Ein Küster macht viele Dinge, die ein Hausmeister tut, aber er ist auch für vieles im Gottesdienst verantwortlich.

C. In der Kirche sieht man in der Mitte den Altar, rechts eine Kanzel und links ein Lesepult. Vom Lesepult wird aus der Bibel gelesen, von der Kanzel gepredigt. Das heißt, es wird erklärt, was die Bibel uns heute zu sagen hat. Die Bibel ist unser heiliges Buch.

D. Auf dem Altarbild sieht man im Hintergrund Menschen, die um einen Tisch sitzen und essen. So wird an die Gemeinschaft mit Jesus erinnert. Jesus setzte sich mit allen an einen Tisch, ganz gleich wie sie vorher gelebt hatten.

E. Hier zeige ich den anderen ein Taufbecken. Im Becken ist etwas Wasser. Bei der Taufe wird der Mensch mit Wasser übergossen; ihm wird gesagt: „Ich taufe dich auf den Namen Gottes, des Vaters, des Sohnes und des heiligen Geistes." „Vater, Sohn und heiliger Geist" ist unsere Bezeichnung für den einen Gott. Wenn Menschen getauft sind, gehören sie zur christlichen Kirche.

F. Am Sonntag finden die Hauptgottesdienste in unserer Gemeinde statt. Wir erleben Gottes Nähe. Es gibt aber noch viele andere Arten von Gottesdiensten.

G. Im Gottesdienst wird aus der Bibel vorgelesen. Die Geschichten von Jesus spielen eine große Rolle.

H. Die Gemeinde erinnert sich im Abendmahl an die letzte Mahlzeit Jesu. Wir essen Brot.

I. Wir trinken etwas Wein und wir erfahren: Jesus Christus ist jetzt bei uns.

J. Der Segen kann einem einzelnen Menschen oder der ganzen Gemeinde zugesprochen werden. Ein kurzer Segenswunsch ist: „Gott behüte dich!" Der Pastor hält die Hände über die ganze Gemeinde oder über einen Einzelnen. Hier bin ich es, der den Segen empfängt.

K. Für besondere Anlässe gibt es besondere Gottesdienste; auf diesem Bild findet gerade ein Gottesdienst für uns Jugendliche statt.

Christentum – D1

# D Meine Kirche

Dies ist eine Skizze von meiner Kirche.

1. Auf einem zweiten Blatt (D2) findest du Fotos von den Gegenständen der Kirche. Suche die Gegenstände A bis G in der Skizze und kennzeichne die Stellen mit dem passenden Buchstaben. Schreibe ein passendes Stichwort dazu.

2. Du kannst die Fotos auf dem zweiten Blatt auch ausschneiden und um die Skizze herum kleben. Dann ziehst du einen Pfeil vom Foto zur passenden Stelle auf der Zeichnung. Schreibe ein Stichwort neben den Pfeil.

Olivers Kirche

Christentum – D2

Oliver erklärt Gegenstände aus der Kirche:

**A** Der Raum vorn in einer Kirche wird auch Chor genannt. Hier sangen früher und singen manchmal noch heute die Chöre. Im Chor befindet sich der Altar. Auf ihm sehen wir Blumen, Kerzen und ein Buch mit Worten aus der Bibel.

**B** Vom Lesepult aus wird im Gottesdienst vorgelesen. Es geht um Gottes Wege mit den Menschen, wie sie in der Bibel stehen.

**C** Im Taufbecken werden Menschen getauft. Neben Kindern werden auch Jugendliche und Erwachsene getauft. Dann gehören sie zur Gemeinde Jesu Christi.

**D** Die Orgel besteht aus Pfeifen, durch die Luft strömt; auf diese Weise bilden sich Töne. Es entsteht Musik, um Gott zu loben.

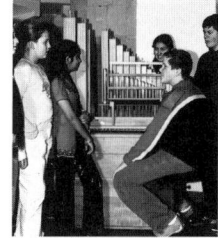

**E** Viele Kirchen haben schöne Glasfenster. Manche sind bemalt und bilden Geschichten ab. Dieses Glasfenster hat keine gegenständlichen Motive.

**F** Von der Kanzel spricht in der Regel der Pfarrer oder Pastor. Er erzählt den Menschen, was die Worte aus der Bibel Christinnen und Christen heute sagen.

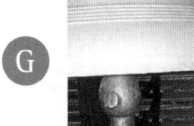

**G** Wenn ein Gottesdienst stattfindet, werden Glocken im Turm geläutet, um die Menschen herbeizurufen.

Christentum – E1

# E Meine Geschichte: Elisabeth von Thüringen

Oliver erzählt: Jesus hatte mit Reichen und Armen, Gesunden und Kranken Gemeinschaft. In unseren christlichen Gemeinden versuchen wir das auch. Alle gehören dazu. Auch wir versuchen zu helfen. Wir haben Altenheime und Kindergärten, Beratungsstellen für Arbeitslose und Krankenhäuser. Eine berühmte Frau, die anderen half, war Elisabeth:

Elisabeth war eine Prinzessin aus Ungarn. Bei Königskindern wurde damals der Ehepartner sehr früh ausgesucht. Elisabeth war noch ein Kind, als die Eltern für sie einen Mann gefunden hatten. Sie wurde zu ihren zukünftigen Schwiegereltern auf die Wartburg geschickt, wuchs dort auf und spielte viel mit Ludwig. Ludwig war der Bruder des Mannes, den sie heiraten sollte. Doch der versprochene Mann starb, und als sie alt genug war, heiratete sie ihren Spielkameraden Ludwig, der Landgraf von Thüringen wurde. Nun war sie die Landgräfin und lebte auf der Wartburg.

Elisabeth war ihr Glaube sehr wichtig. Aus Liebe zu Gott beschloss sie, anderen Menschen zu helfen. Sie ging jeden Tag aus der Burg und kümmerte sich um Arme und Kranke. Einige Leute fanden das nicht in Ordnung: „Sie ist die Gräfin! Sie soll auf ihrer Burg leben und ihrem Mann beim Regieren helfen." Aber Elisabeth kümmerte sich nicht darum, zog einfache Kleidung an und ging in die Armenviertel. Eines Tages kam eine große Hungersnot. Die Menschen hatten immer weniger zu essen und bald gar nichts mehr. Nur auf der Burg gab es noch Vorräte. Da sagte Elisabeth: „Ich möchte, dass wir die Vorräte an die hungernden Menschen verteilen." Die Herren auf der Burg waren entsetzt: „Vielleicht haben wir dann selbst nicht mehr genug und müssen auch hungern." Aber Elisabeth ließ sich nicht beirren und ihr Mann unterstützte sie. Alle bekamen etwas von den Vorräten.

Es wird erzählt, dass sie einmal einen Bettler mit einer schrecklichen Hautkrankheit traf. Andere Menschen machten einen Bogen um ihn, weil die Haut so unangenehm aussah und schlecht roch. Der Mann war sehr müde. Elisabeth überlegte nicht lange und ließ ihn in ihrem Ehebett schlafen. Ein ärgerlicher Diener sagte ihrem Mann Bescheid, aber als der Diener die Bettdecke hochhob, lag in dem Bett eine Figur von Jesus. „Das ist ein Wunder", sagten die Menschen. „Gott hilft ihr."

Eines Tages beschloss ihr Mann, eine lange Reise zu machen. Elisabeth war darüber sehr traurig. Lange begleitete sie ihn auf dem Weg, doch dann musste sie umkehren. Nicht viel später bekam sie die Nachricht, dass ihr Mann an einer Krankheit gestorben war. Elisabeth weinte lange um ihn. Den armen Menschen half sie danach nur umso mehr.

Ein Onkel Ludwigs war nun Verwalter der Burg. Er mochte es gar nicht, doch Elisabeth ging immer wieder zu den Armen. Es wird erzählt, dass der Verwalter ihr verbot, Brot zu den Armen zu bringen. Eines Tages erwischte er sie wieder mit einem Korb. „Zeig, was du im Korb hast!", rief er wütend. Elisabeth hob das Tuch hoch und in dem Korb waren lauter Rosen. Gott hilft ihr immer wieder – da waren sich viele Menschen sicher.

Christentum – E2

Elisabeth beschloss, die Wartburg zu verlassen, und zog in die Nähe der Stadt Marburg. Dort baute sie ein Haus für kranke Menschen. Jeder konnte kommen und wurde von ihr und anderen Helferinnen gepflegt. Sie selbst wusch die Kranken und wischte den Boden. Sie war die erste Prinzessin und Landgräfin, die Hilfe für arme Menschen öffentlich organisierte.

1. Was meinst du: Waren die Rosen im Korb von Elisabeth ein Zufall, war es ein Wunder?
2. Informiere dich darüber, was eine Legende ist. Erörtere die Bedeutung der legendenhaften Elemente in der Geschichte von Elisabeth.
3. Schreibe die Geschichte eines Menschen, der sich heute für Kranke und Arme einsetzt: Erzähle a) warum er das tut; b) ein Beispiel dafür, was er macht; c) von Schwierigkeiten, die er bewältigen muss.
4. Besucht mit einer Gruppe ein Altenheim, ein Krankenhaus, ein Hospiz oder eine ähnliche Einrichtung. Sprecht mit den Menschen. Was hat die Arbeit dort mit Religion zu tun? Schreibt anschließend ein Protokoll des Besuchs.

| Wo wir waren | |
|---|---|
| Wem dort geholfen wird | |
| Wen wir getroffen haben | |
| Was wir erfahren haben | |
| Zwei Fragen, zwei Antworten | |
| Eine besondere Erfahrung | |

# F Wie wir unsere Religion verstehen

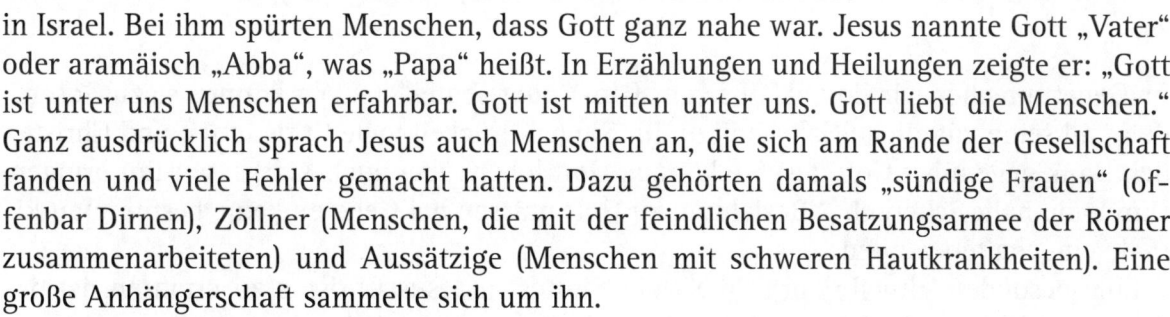

Oliver erzählt: Ich habe ein Mitglied unserer Gemeinde gefragt, ob er aufschreiben kann, was Christentum ist. Hier sein Vorschlag:

*Lehre*

Im Mittelpunkt unseres christlichen Glaubens steht eine Person: Jesus Christus. Jesus von Nazareth lebte vor 2000 Jahren als Jude in Israel. Bei ihm spürten Menschen, dass Gott ganz nahe war. Jesus nannte Gott „Vater" oder aramäisch „Abba", was „Papa" heißt. In Erzählungen und Heilungen zeigte er: „Gott ist unter uns Menschen erfahrbar. Gott ist mitten unter uns. Gott liebt die Menschen." Ganz ausdrücklich sprach Jesus auch Menschen an, die sich am Rande der Gesellschaft fanden und viele Fehler gemacht hatten. Dazu gehörten damals „sündige Frauen" (offenbar Dirnen), Zöllner (Menschen, die mit der feindlichen Besatzungsarmee der Römer zusammenarbeiteten) und Aussätzige (Menschen mit schweren Hautkrankheiten). Eine große Anhängerschaft sammelte sich um ihn.

In der Hauptstadt Jerusalem wurde Jesus durch die römische Besatzungsarmee am Kreuz hingerichtet, wahrscheinlich weil die Römer Angst vor einem Aufstand hatten. Für seine Anhänger war seine ganze Lehre in Frage gestellt: „Warum hat Gott Jesus nicht beschützt, der doch in seinem Namen Liebe predigte?"

Dann wurde Jesus plötzlich wieder gesehen – zuerst von den engsten Vertrauten, später von einer ganzen Menschenmenge. Durch dieses Erlebnis verstanden sie, dass Jesus auferstanden war. Sie begriffen, dass Jesus den Tod überwunden hatte, dass er nun eins war mit Gott. Jesus ist der Christus, der wahre, aber noch verborgene Herrscher der Welt.

Durch das Leben und den Kreuzestod Jesu haben wir die frohe Botschaft erfahren: Gott sitzt nicht fern von der Welt in einem Paradies, sondern er ist bei den Menschen, und zwar sogar dort, wo es am schlimmsten ist. Gott selbst hat das Leid am Kreuz durch Jesus erlebt. Gott ist den Menschen nahe. Gott ist mitten in der Welt.

Wenn wir von der Dreifaltigkeit Gottes reden, heißt das, dass Gott auf verschiedene Weisen von uns erfahren werden kann. Man kann dies so verstehen: Er ist *über* den Menschen als Gott, der Schöpfer und Vater. Er ist *neben* den Menschen als ihr Freund und Helfer, wie es in Jesus deutlich wurde. Er wirkt *im* Herzen der Menschen durch seinen Heiligen Geist, indem er ihnen Mut gibt und seine Liebe.

*Lebensorientierung*

Wichtig ist uns: Durch den Glauben an Jesus als den Christus machen Menschen die Erfahrung, dass sie befreiter leben können:

- Die Furcht vor dem Tod ist nicht mehr so wichtig. Es gibt Wichtigeres. Durch Jesus wissen wir, dass Gott stärker als der Tod ist.

- Die Bewältigung von alten Fehlern muss das Leben nicht mühsam machen. Auch Menschen mit Fehlern gehören zu Gott. Gott vergibt.

Christentum – F2

– Jeder Mensch, dem es einmal schlecht geht, sollte wissen, dass Gott ihm gerade jetzt ganz nah ist. Gott ist Liebe.

Wir Christinnen und Christen fühlen uns dadurch freier und bemühen uns, etwas von der Liebe Gottes auch an andere weiterzugeben. Wir engagieren uns in der Nächstenliebe. Wir setzen uns für Friede, Gerechtigkeit und Bewahrung der Schöpfung ein. Christentum ist in diesem Sinne keine moralische Religion, in der bestimmte Dinge getan werden müssen, sondern eine, in der Menschen aus innerer Freiheit gute Erfahrungen mit anderen teilen. Wir wollen etwas von Gottes Liebe weitergeben.

*Rituale*

Im Gebet sprechen wir Gott als unseren „Papa" oder „Vater" an. Wir können so zu Gott reden und seine väterliche Nähe spüren. Im Singen drücken viele Christinnen und Christen den Dank gegenüber Gott aus. Sie können Gott loben, aber auch Klagen vor ihn bringen. Durch die nahe „elterliche" Beziehung zu Gott müssen bei Gebeten keine bestimmten Rituale eingehalten werden.

Eine besondere rituelle Form, die Nähe Gottes in Jesus Christus zu erfahren, ist das Abendmahl (oder mit einem anderen Wort: die Eucharistie). Wir erinnern uns an die letzten Stunden Jesu. Sein Leben und Sterben wird für uns gegenwärtig. Mit einem kleinen Stück Brot oder gebackenem Mehlteig (Oblate) und einem Schluck Wein oder Traubensaft feiern wir wie bei der letzten Mahlzeit Jesu. Beim Essen des Brotes und Trinken des Weines wissen wir: Er ist bei uns.

*Gemeinschaft*

In der Gemeinschaft erfahren wir zum Beispiel bei einem Gottesdienst, dass wir alle zusammen zu Jesus Christus gehören. Auch mit unseren Fehlern sind wir „heilig", weil wir in der Gemeinschaft von Jesus Christus sind. Wir gehören zur „Gemeinschaft der Heiligen", wir gehören zu Gott.

Über den Gottesdienst hinaus wird in der Kirchengemeinde von uns organisiert, wie etwas von der Freude und Liebe Gottes an andere weitergeschenkt werden kann. Dazu gehören zum Beispiel Besuche von Alten und Kranken, aber auch der gemeinsame Gesang oder die Musik.

Nach Karlo Meyer. Er ist Pastor und arbeitet an der Universität.

1. Markiere wichtige Aussagen des Textes und gib sie in deinen Worten wieder.
2. Bestimmt gibt es in deiner Nachbarschaft erwachsene Christen, die eng mit ihrer Gemeinde verbunden sind. Tut euch zu zweit zusammen, überlegt, was ihr wissen möchtet, und führt ein Interview.
3. Vielleicht kennt ihr Jugendliche, die sich in einer Gemeinde engagieren (z. B. als Kindergottesdiensthelfer, als Teamer bei Freizeiten, als Leiter einer Jugendgruppe oder in einer Band). Besucht sie und unterhaltet euch mit ihnen über ihren Glauben.

Christentum – G1

## G. Kreativer Impuls: die Kirche einrichten

Oliver erzählt: In unseren christlichen Gemeinden erzählen wir weiter, wie Jesus vor 2000 Jahren gelebt hat. Jesus sagte: Das Reich Gottes ist vergleichbar mit einem Fest, zu dem alle Menschen eine Einladung bekommen haben. –

Jesus hat das nicht nur gesagt. Er selbst hat gern mit ganz verschiedenen Menschen gegessen und getrunken: Mit ihm haben wichtige Leute gespeist und auch ganz einfache Fischer. Mit ihm haben Menschen gegessen, die vorher Böses taten, und solche, die ein rechtschaffenes Leben führten. Er sagte: „Alle sind eingeladen."

Im Abendmahl erleben wir Christinnen und Christen diese Einladung immer wieder neu. Wir erleben die Nähe von Gott und von Jesus Christus. Daher wird ein Abendmahl immer festlich gestaltet. Es gibt Brot und Wein.

Künstler und Architekten haben besonders in Kirchen versucht darzustellen, dass Gott mit den Menschen feiert.

Rechts unten ist Jesus mit seinen Jüngern an einem Tisch zu sehen. Links unten hat ein Künstler seine eigenen Freunde und Bekannten auf das Bild mit Jesus gemalt.

© St. Marien, Wittenberg

Christentum – G2

Kirchenräume sollen in ihrer Ausstattung und Einrichtung so einladend sein, dass sie Gottes Einladung weitergeben.

1. Überlegt zu zweit: Wie stellt ihr euch einen Raum vor, in den Gott euch einlädt?

2. Gestaltet einen Raum, wie ihr ihn euch wünscht. Ihr müsst dabei nicht perfekt malen. Es geht darum, eure Ideen sichtbar zu machen.

Malt oben auf das Rechteck (A) ein Bild, das ihr euch für die Wand des religiösen Raumes vorstellt. – Auf die Wölbung (B) unten könnt ihr die Möbel für das Innere des Raumes zeichnen. Schneidet es an den durchgezogenen Linien aus und knickt die gestrichelten Linien. Dann klebt den Buchstaben a auf der Lasche unter den Buchstaben a' auf der Wölbung. Dasselbe macht ihr mit b, c und d. – Stellt euer Ergebnis den anderen vor.

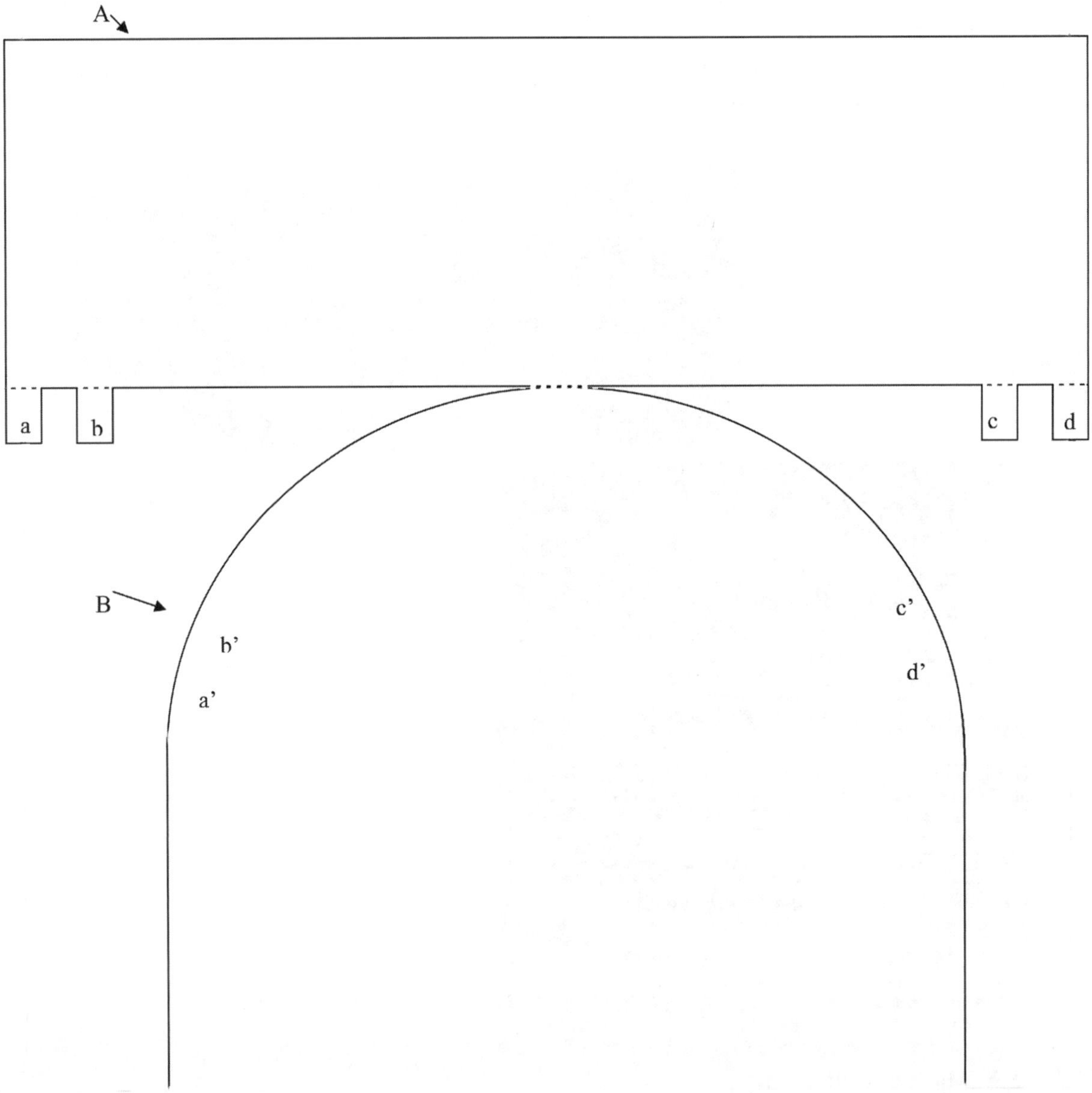

# A Ich bin Muslima

Ich heiße Nurdan, bin Muslima und 13 Jahre alt. GOTT hat sich unserem Propheten, Mohammed, geoffenbart. Das heißt, der Engel Gabriel hat ihm Satz für Satz GOTTES Wort gebracht. Die Worte wurden später in einem Buch gesammelt. Das Buch heißt Koran. Das Wort GOTTES im Koran ist die Grundlage unseres Glaubens. Wir glauben, dass GOTT barmherzig ist, und beten fünfmal am Tag zu IHM.
Drei Dinge gefallen mir besonders an meinem Glauben: Das Beten, die Bücher und die Liebe zu GOTT.

Eines der wichtigsten Worte ist für uns das Wort „GOTT".

Wir schreiben das Wort auf Arabisch. Das sieht dann so aus: ٱللّٰه

Der Künstler hat es auf seine Weise gemalt ﷲ und es zu einem eigenen Zeichen verbunden. Auf Arabisch wird das Wort „Allah" ausgesprochen. Auf Deutsch heißt das GOTT. Auch Christen und andere Religionen sagen auf Arabisch statt GOTT „Allah". Es ist einfach die Übersetzung.

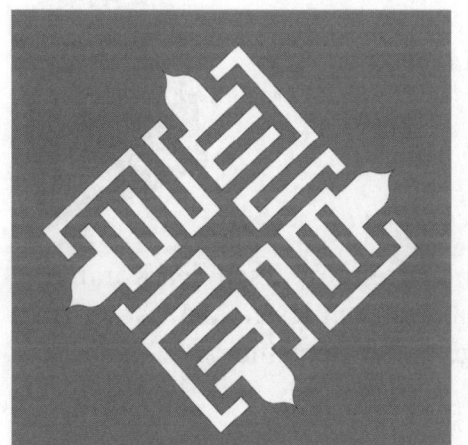

In unseren heiligen Stätten findet ihr das Wort GOTT immer wieder. Wir sagen damit: Uns ist wichtig, dass es nur den einen GOTT gibt. Und zu diesem einen GOTT beten wir.

Ein anderes Zeichen in unserer Religion ist der Halbmond. Dieses Zeichen ist nicht so alt. In muslimischen Ländern findet man es auf Moscheen. Einige muslimische Staaten benutzen es für ihre Flagge. Die Bedeutung ist nicht genau bekannt, aber unseren Kalender berechnen wir nach dem zunehmenden und abnehmenden Mond.

Grün ist die Farbe der Kleidung, die die Bewohner des Paradieses tragen. Deswegen ist sie bei uns sehr beliebt. Manche erzählen, dass es auch die Lieblingsfarbe des Propheten Mohammed war. Ihr findet sie sehr häufig in unserer Religion. Du kannst die Ränder meiner Arbeitsblätter grün anmalen.

1. Ein Künstler hat das Zeichen oben für „Islam" gestaltet. Entwickle eine eigene Form des Zeichens oder eine Zeichenkombination für Nurdans Religion!
2. Stellt in Partnerarbeit einen „Forschungsplan" zusammen: Wie könnt ihr mehr über Nurdans Religion herausfinden? Was möchtet ihr alles wissen?

Islam – B1

# B Interview mit Nurdan

*Hallo Nurdan! Wie alt bist du?*

Ich bin 13, werde aber bald 14 und gehe in die 8. Klasse.

*Hast du Hobbys?*

Ja, ich fahre gern Fahrrad und treffe mich mit meinen Freundinnen.

*Welchen Berufswunsch hast du?*

Ich möchte gern Ärztin werden, also erstmal Medizin studieren. Ich möchte einfach anderen helfen, wenn sie Hilfe brauchen.

*Wie würdest du aus deiner Sicht deinen Glauben beschreiben?*

Hm… es ist schön, es ist nicht stressig, also ich mag meinen Glaube gern.

*Welche drei Dinge gefallen dir besonders an deinem Glauben?*

Das Beten und die Bücher und die Liebe zu GOTT.

*Wie oft trefft ihr euch in eurer Gemeinde und was macht ihr da?*

Wir treffen uns jede Woche samstags und sonntags zum Beten und lesen den Koran und andere religiöse Bücher. Ich kann auch schon ganz gut Arabisch lesen. Mein Vater trifft sich viermal die Woche, also auch mitten in der Woche, in der Gemeinde.

*Gibt es bei euch in der Gemeinde so etwas wie eine Jugendgruppe? Bist du dort auch aktiv beteiligt?*

Ja, so etwas gibt es. Wir treffen uns jeden Sonntag. Dort gibt es eine Lehrerin, die mit uns etwas macht. Wir lesen den Qur'an (andere sagen Koran), lernen Arabisch und machen andere Aktivitäten wie Theaterspielen.

*Wie oft betest du?*

Ich bete fünfmal am Tag, wie alle gläubigen Muslime.

*Welches ist dein religiöses Lieblingsfest?*

Meine Lieblingsfestzeit ist der Monat Ramasan. Man kann auch Ramadan sagen. Tagsüber essen und trinken wir nichts. Wir schimpfen auch nicht und vermeiden ganz besonders alles Böse. Wir denken viel an GOTT.

Islam – B2

*Gibt es ein Fest zur Religionsmündigkeit so wie bei den Christen die Konfirmation?*

Hm.... Man gehört von der Geburt an zum Islam. Aber manche feiern, wenn sie den Qur'an einmal durchgelesen haben.

*Woher kommen deine Eltern und Großeltern?*

Meine Eltern kommen beide aus der Türkei. Mein Vater ist mit 15 Jahren nach Deutschland gekommen. Meine Mutter war damals schon hier.

*Hast du schon einmal Vorurteile gegenüber deiner Religion erlebt?*

Nein, so etwas habe ich noch nie erlebt. Ich erzähle den Leuten gern etwas über meine Religion.

*Danke für das Interview.*

Das Interview führte Mariella Krull

1. Markiere Begriffe im Text, die dir neu sind.
2. Schreibe einen Brief an Nurdan! Erzähle, was dir an ihrem Interview aufgefallen ist und was dir gefällt:

*Liebe Nurdan,*

_____
_____
_____
_____
_____
_____
_____

*Schöne Grüße,*

Islam – C1

## C Wir besuchen meine Moschee

Islam – C2

E _____
_____
_____

F _____
_____
_____

G _____
_____
_____

H _____
_____
_____

*Der Qur'an oder Koran ist das heilige Buch für uns Muslime. Wir glauben: Die Worte dieses Buches wurden dem Propheten Mohammed vom Engel Gabriel gesagt. Satz für Satz enthält der Qur'an GOTTES Wort. Später haben die ersten Anhänger unseres Propheten Mohammed die Sätze zu einem Buch zusammengestellt. Die Worte des Qur'an sind arabisch geschrieben.*

Islam – C3

1. Auf diesen Arbeitsblättern siehst du, wie fünf Freunde Nurdan besuchen.

2. Sieh dir die Bilderserie zuerst still an. Schreibe mit Bleistift auf, was du auf jedem Bild siehst. Es geht um *deine* Wahrnehmung. Lass etwas Platz übrig.

3. Dann liest einer von euch den Text zu den Bildern (**Islam–C4, Bedeutungsblatt**). Schreibe nun mit einem anderen Stift in Stichworten zu den Abbildungen die *Bedeutung für Nurdan* dazu.

# Bedeutungsblatt

A. Für die anderen fünf öffne ich die Tür zum Hinterhof, in der unsere Moschee steht.

B. Im Hinterhof gibt es zwei weitere Eingänge: einen für Männer und einen für Frauen. Aber zur Besichtigung nehmen wir alle denselben. Im Hintergrund steht ein Schuhregal, denn alle müssen hier ihre Schuhe ausziehen. Das kann man auf diesem Bild nicht so gut erkennen.

C. Die Einrichtung unserer Moschee besteht in der Mitte aus einer Nische (Mihrab), die in Richtung Mekka weist, und rechts aus einigen Stufen als Kanzel (Minbar) für die Predigt am Freitag. Ich halte gerade ein Modell der Kaaba in der Hand.

D. Die Kaaba ist ein leeres würfelförmiges Gebäude in der Stadt Mekka. Es ist leer um zu zeigen, dass man GOTT nicht darstellen kann.

E. Für Muslime ist der Qur'an (oder Koran) das heiligste Buch. Wir lesen regelmäßig darin. Der Qur'an ist arabisch geschrieben. Sein Inhalt ist GOTTES Wort.

F. Vor einem Gebet waschen wir uns.

G. Ich wasche meine Hände, spüle Mund und Nase, wasche Gesicht und Arme. Ich fahre mir durchs Haar und wasche schließlich die Füße.

H. Ich bete fünfmal am Tag zu GOTT. Man kann allein beten oder auch in einer Gruppe. In der Gruppe stehen wir alle Schulter an Schulter. Zu den Gebeten gehören bestimmte Bewegungen: Zuerst stehe ich.

I. Ich beuge mich beim Gebet nach vorn.

J. Eine sehr wichtige Bewegung besteht darin, dass ich mich vor GOTT mit der Stirn auf den Boden werfe. Ich sage: „Gepriesen sei mein Schöpfer und Versorger ..."

K. Jeder, der will, kann auch ganz frei zu GOTT beten. Dazu hält man die beiden Hände offen nach vorn und spricht zu GOTT.

Islam – D1

## D Meine Moschee

Dies ist eine Skizze von meiner Moschee.

1. Auf einem zweiten Blatt (D2) findest du Fotos von den Gegenständen der Moschee. Suche die Gegenstände A bis F in der Skizze und kennzeichne die Stellen mit dem passenden Buchstaben. Schreibe ein passendes Stichwort dazu.

2. Du kannst die Fotos auf dem zweiten Blatt auch ausschneiden und um die Skizze herum kleben. Dann ziehst du einen Pfeil vom Foto zur passenden Stelle auf der Zeichnung. Schreibe ein Stichwort neben den Pfeil.

Nurdans Moschee

A  Zwischen dem Tor zur Straße und der Eingangstür befindet sich ein kleiner Hof. Wenn die Moscheeräume bei großen Festen voll sind, beten die übrigen Menschen im Sommer auch hier draußen.

B  Eine Vorbereitung für das Gebet ist das Waschen. Daher befinden sich Waschbecken in jeder Moschee. Beim Waschen sprechen wir Worte aus dem Koran.

C  Beim Gebet richten wir uns nach Mekka aus. In jeder Moschee wissen wir sofort, wo das ist, denn die Nische zeigt in Richtung Mekka.

D  Diese kleine Erhöhung ist für den Unterricht da. Dort wird aus dem Koran vorgelesen und gelehrt – für Kinder, Jugendliche und Erwachsene. Sie steht links von der Nische.

E  Die Predigttreppe (Minbar) wurde schon von dem Propheten Mohammed benutzt, damit alle ihn hören konnten. Auf dieser Treppe predigt unser Imam, das ist der Vorbeter, oder eine andere Person aus der Gemeinde.

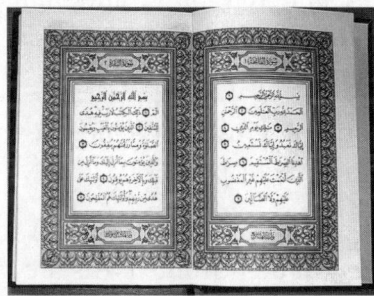

F  Der Koran befindet sich in einem Regal oder hier auf einem kleinen Pult. Menschen können zu jeder Zeit in der Moschee aus dem Koran lesen. Er besteht aus 114 Suren (Kapiteln). Man kann die Worte vorlesen, ihnen lauschen oder sich überlegen, was sie für das eigene Leben bedeuten.

Islam – E1

# E Meine Geschichte: Ibrahim und die Götzen

Nurdan erzählt: Ein wichtiger Prophet bei uns ist Abraham. Wir sagen normalerweise Ibrahim zu ihm, aber das ist eigentlich dasselbe – nur etwas anders ausgesprochen. – Eine wichtige Geschichte erzählt davon, wie Ibrahim noch ein Junge war:

Ibrahim lebte als Kind in der Stadt Ur. Sein Vater war ein geachteter Mann. Er stellte Figuren von Göttern her. Damals sahen die Menschen zum Himmel, sie erforschten die Himmelskörper und lernten, dass sie durch die Sterne, Mond und Sonne die Zeit für Ernten bestimmen konnten. Sterne, Mond und Sonne wurden für sie so wichtig, dass sie schließlich dachten, dass es Götter wären. Auch wichtige Personen aus alten Zeiten wurden immer bedeutender und schließlich zu Göttern. Figuren von ihnen wurden im Tempel aufgestellt. Ibrahims Vater machte diese Figuren aus Holz oder Stein, überzog sie mit Gold und schmückte sie. Dann brachte er sie in das Heiligtum zur Anbetung. Ibrahim merkte bald, dass dies alles einfach nur Figuren waren. Eines Tages fragte er seinen Vater. „Warum betest du diese Figuren an? Sie können doch einfach gar nichts: nicht reden, nichts tun!" Sein Vater erzählte ihm alte Geschichten aus früherer Zeit, aber der Sohn war nicht zufrieden. Die Frage bewegte den Jungen weiter.

Er lernte viel. Er wollte selbst herausfinden, was richtig war. Er beobachtete einen wichtigen Stern, den alle für einen Gott hielten. Wie alle anderen Sterne verblasste er beim Morgengrauen. „Ein Ding, das untergeht, kann nicht mein Gott sein", dachte Ibrahim. Er beobachtete den Mond, auch der ging unter, nahm ab, nahm zu. Auch das konnte ernsthaft kein Gott sein. Selbst die Sonne, die den anderen sehr wichtig war und viel angebetet wurde, ging genauso unter wie die anderen Himmelkörper. Ibrahim erkannte, dass all diese Himmelserscheinungen keine Götter waren. Sie waren Teil der Schöpfung des einen GOTTES und bewegten sich nach den natürlichen Gesetzen, die von GOTT kamen.

Ibrahim versuchte, das den Menschen zu sagen: „Hört auf, an diese Götzen zu glauben! Sie sind gar keine Götter. Glaubt lieber an den einen GOTT. Dieser eine GOTT hat Holz, Steine und Gold erst geschaffen, aus denen mein Vater die Figuren für euren Tempel macht. Wendet euch lieber dem einen GOTT zu, nicht diesen selbst gemachten Bildern." Die Leute diskutierten zwar mit ihm, aber ihre Meinung änderten sie nicht. Ibrahim dachte: „Ihr werdet schon sehen!"

Als ein großes Fest zur Verehrung eines Sterngötzen stattfinden sollte, fragten ihn die anderen, ob er mitkommen wollte. Ibrahim dachte an das Fest und sagte: „Mir wird ganz schlecht." Die anderen merkten nicht den Doppelsinn seiner Worte und ließen ihn zurück.

Ibrahim ging nun in den Tempel mit den vielen Figuren und fragte: „Was ist los mit euch? Ihr sprecht ja nie!"

Ibrahim wartete auf eine Antwort. Als keine kam, schlug er alle Figuren in kleine Stücke bis auf den Größten. Als die Menschen zurückkamen, merkten sie, dass ihre Götzenfiguren

Islam – E2

kaputt waren. Ihnen fiel gleich Ibrahim ein, und sie fragten ihn: „Wer war das? Warst du das?" Ibrahim sagte: „Der eine Große ist ja noch heil. So wie es aussieht, hat er bestimmt die anderen zerstört. Fragt ihn doch! Oder meint ihr, der große Götze kann so etwas gar nicht?" Ibrahim versuchte so zu zeigen, dass die Götzen nichts können. Er versuchte den Menschen auch deutlich zu machen, dass sie eigentlich selbst gar nicht glaubten, dass die Götzen etwas vermögen.

1. Ibrahim richtete sich gegen etwas, was seinem Vater und vielen anderen wichtig war. Kannst du dir vorstellen, gegen andere deinen Glauben an etwas durchzuhalten? Was könnte dich dazu bewegen?
2. Schreibt und malt in Partnerarbeit ein Drehbuch für einen Film über einen Menschen aus unserer Zeit in Deutschland, der eine bestimmte Überzeugung hat und sie gegen alle anderen durchhält.

| 1. Szene | |
|---|---|
| 2. Szene | |
| 3. Szene | |
| 4. Szene | |

## F Wie wir unsere Religion verstehen

Nurdan erzählt: Ich habe ein Mitglied unserer Moscheegemeinde gefragt, ob er aufschreiben kann, was Islam ist. Hier sein Vorschlag:

*Lehre*

In der arabischen Sprache lassen sich alle Worte auf eine Wurzel zurückführen, die aus drei Konsonanten besteht. Die Wurzel „SLM" begegnet uns als Friedensgruß in SaLaM alaikum. Sie bedeutet Frieden, Unversehrtheit, aber auch Hingabe, „sich ergeben" in den Willen GOTTES.

Wir begegnen der Wurzel SLM auch als „Schalom" im Hebräischen. Namen, wie Salomon oder Sulamit, gehen auf diese Wurzel zurück. Der Mensch, der sich zu der Religion ISLaM bekennt, ist ein MuSLiM: „Ein Mensch, der durch seine Hingabe an GOTT den Frieden gefunden hat."

Wir Muslime verstehen unsere Religion als die ursprüngliche und reinste Form des Glaubens an den einen GOTT, ein Glaube, der auch dem Judentum und Christentum zugrunde liegt. Aber die Botschaft GOTTES wurde auch anderen Propheten übermittelt. Jede Religion auf der Welt geht ursprünglich auf einen von GOTT gesandten Propheten zurück. Wir kennen als Propheten zum Beispiel: Adam, Nuh (Noah), Ibrahim (Abraham), Musa (Moses), Davud (David), Salomo, Yunus (Jona), Yahya (Johannes der Täufer), Isa (Jesus) und Muhammad.

Muhammad ist der Letzte der Propheten, so dass seit Muhammad kein Mensch mehr eine direkte Botschaft GOTTES erhalten kann. Die einzige Richtschnur des menschlichen Handelns sehen wir im Wort GOTTES, wie es im Qur'an übermittelt wurde.

Neben dem Qur'an kennt unsere Religion noch weitere Bücher und Schriften. Dazu gehören die Bücher, die Musa/Mose (Tora), Davud (Psalter) und Isa/Jesus (Evangelium) übermittelt wurden. Der Qur'an ist jedoch das einzige Buch, dass noch in der Orginalfassung erhalten ist.

*Lebensorientierung*

Jeder Mensch wird als reines Wesen in Übereinstimmung mit GOTTES Willen geboren, also als Muslim. Jeder Mensch hat die natürliche Fähigkeit, zwischen Gut und Böse zu unterscheiden, und hat die freie Wahl, sich für Gut oder Böse zu entscheiden. Jeder muss selbst bei GOTT um Vergebung bitten, wenn er nicht fähig war, diese Gebote zu erfüllen. Jeder Mensch wird am Jüngsten Tag individuell beurteilt und muss für seine Absichten und Taten geradestehen.

Wenn sich nun ein Mensch entscheidet, in Harmonie mit GOTTES Schöpfung und GOTTES Geboten leben zu wollen, ist ein erster Schritt das Studium des Qur'an. Eine zweite Quelle ist das, was der Prophet Mohammed gesagt und gemacht hat. Sein Vorbild gibt Muslimen eine Orientierung für vorbildliches Verhalten.

Es gibt bei uns Regeln, die der Gesundheit des Einzelnen dienen (wie das Verbot von Schweinefleisch, Alkohol und Drogen oder der Schutz der körperlichen Unversehrtheit).

Islam – F2

Es gibt Regeln der Gerechtigkeit im sozialen Zusammenleben (wie das Verbot des Wucherzinses oder den Schutz des Eigentums). Aber vor allem ist der Islam ein *spiritueller Weg*.

Kern der Religion ist das Einüben der sogenannten Taqwa, was ungefähr übersetzt werden kann mit „Bewusstsein von GOTTES Gegenwart". Das Gottvertrauen und die Gewissheit, nach dem Tod weiterzuleben, helfen uns zu innerem Frieden. Die Gottesfurcht schenkt uns den Respekt vor dem Schöpfer, seiner Natur und seiner Schöpfung.

*Rituale*

Durch das Beispiel des Propheten Mohammed haben wir nun deutliche Hinweise, wie der Islam gelebt werden kann: Der Qur'an schreibt *allgemein* vor zu beten. Wie man *genau* betet, erfahren wir durch das Vorbild des Propheten. Durch ihn lernen wir, dass es fünfmal am Tag stattfinden sollte, in Richtung Mekka.

Dies ist die erste Säule muslimischer Handlungen. Weiter gehört zu den fünf Säulen: das aktiven Bekenntnis zu GOTT und seinen Propheten, das Fasten, die Pilgerfahrt nach Mekka und die Vermögenssteuer für die Armen.

*Gemeinschaft*

Die Gemeinschaft aller Muslime heißt Ummah. Ganz gleich, zu welcher Rasse oder zu welchem Geschlecht ein Mensch gehört, alle Menschen haben denselben Rang und dieselbe Würde.

Kein Mensch steht GOTT näher als ein anderer. Der Islam kennt daher auch kein Priestertum. Er kennt keine Institution wie die Kirche. GOTT ist jedem Menschen „näher als seine Halsschlagader".

Grundlegende Regeln des Zusammenlebens finden wir in der sogenannten Scharia. Scharia bedeutet wörtlich übersetzt „der ebene Weg zur Wasserquelle". Die Grundidee hinter diesem Wort ist folgende: Die Regeln sollen einen Weg ebnen, der jedem einen gleichberechtigten Zugang zur Quelle des Lebens ermöglicht. Die „Steine des Egoismus" werden aus dem Weg geräumt, um ein gerechtes soziales System zu schaffen.

Der Respekt vor dem Leben sorgt dafür, dass nicht nur der innere Friede das Ziel eines Muslim sein darf, sondern dass er sich auch für den Frieden aller Menschen untereinander und die Harmonie mit der Schöpfung einsetzen muss. Daher ist der Islam vor allem eines: Din us-Salam – der Glaube des Friedens.

Nach Michael Pfaff, Vorsitzender der deutschen Muslim-Liga.

1. Schreibe eine Liste wichtiger muslimischer Begriffe und erkläre sie mit deinen Worten.

2. Tut euch zu zweit zusammen, überlegt, was ihr wissen möchtet, und führt ein Interview mit einem Muslim oder einer Muslima! Vielleicht zeigen sie euch ihre Moschee?

3. Erkundige dich nach Menschen in deiner Nachbarschaft, die für den Frieden arbeiten. Vielleicht könnt ihr jemanden in die Klasse zu einem Gespräch einladen?

Islam – G

## G Kreativer Impuls: Schönschrift

Nurdan erzählt: Uns Muslimen ist wichtig, dass es nur einen einzigen GOTT gibt. Nach Adam, Mose, Jesus und vielen weiteren Propheten war Mohammed der letzte Prophet. Mohammed hat die Menschen dazu bewegt, nicht mehr an viele besondere Götter zu glauben, sondern allein den einen einzigen GOTT zu ehren. Wir ehren GOTT unter anderem so: Wir schreiben das Wort „GOTT" in Großbuchstaben oder auch besonders schön. – Gibt es für dich etwas, was du so ehren möchtest, dass du es immer groß schreibst?

Arabisch „GOTT" in Normalschrift

... in Schönschrift

... in Schmuckschrift

...etwas, das du ehren möchtest, was dir heilig ist, in Schönschrift

Bahai – A

## A Ich bin Bahai

Ich bin Vanessa, 14, und gehöre zu den Bahai. Unsere Religion ist vergleichsweise noch jung. Sie ist vor etwa 150 Jahren durch den Propheten Bahá'u'lláh entstanden. Inzwischen gibt es uns auf der ganzen Welt. Wir glauben, dass Gott den Frieden in der Welt will, und wir arbeiten an diesem Frieden mit. Wir treffen uns regelmäßig alle 19 Tage und lesen die Schriften von Bahá'u'lláh.

An unserem Glauben mag ich, dass man sich in der Gemeinde wie in einer Familie fühlt –, wohin man auch kommt, auch in Australien. Mir ist auch wichtig, dass wir die anderen Religionen akzeptieren können.

Ein wichtiges Zeichen bei uns ist der Stern mit neun Zacken. Neun ist die größte einstellige Zahl. Daher bedeutet sie für uns Vollständigkeit. Auf jedem Kontinent haben wir ein Haus der Andacht. Jedes hat neun Eingänge. Damit sagen wir, dass die volle Zahl aller anderen Religionen zu uns kommen kann.

Genauso wichtig ist ein anderes Zeichen für uns. Wir nennen es den Größten Namen. Es ist ein Schriftzug, der so aussieht:

Übersetzt heißt das: „O Du Herrlichkeit des Allherrlichen". Damit ist Gott gemeint. Als Farbe für meine Religion habe ich rot ausgewählt. Rot steht für Liebe und damit verbindet sich für mich auch die Toleranz zwischen den Religionen. Die ist für meine Religion wichtig. Du kannst die Ränder meiner Arbeitsblätter rot anmalen.

1. Ein Künstler hat das Zeichen oben für „Bahai" gestaltet. Die Zahl „9" bekommt so eine Form! Dieser Zahl könnte man auch anders eine Gestalt geben. Einwickle drei Ideen für eine neue Form und beschreibe ihre Bedeutung!
2. Stellt in Partnerarbeit einen „Forschungsplan" zusammen: Wie kannst du mehr über Vanessas Religion herausfinden? Was möchtet ihr alles wissen?

Bahai – B1

## B. Interview mit Vanessa

*Kannst du kurz etwas über dich erzählen?*

Ich bin Vanessa und 14 Jahre alt. Eines meiner Hobbys ist Klavierspielen. Mit Freunden zusammen haben wir eine Band. Als Sport mache ich Golf und Joggen. Ich lese gern, treffe gern Freunde und shoppe gern. Ich wohne in Rodenberg.

*Du gehörst zu den Bahai. Wie würdest du den Bahai-Glauben beschreiben?*

Wir glauben an einen Gott. Unser Prophet heißt Bahá'u'lláh, das heißt Herrlichkeit Gottes. Die meiste Zeit seines Lebens verbrachte er in Gefängnis und Verbannung. Vor seinem Tod ernannte er seinen Sohn 'Abdú'l-Bahá (Diener Gottes) zum Oberhaupt der Bahai-Religion. Wir haben viele wichtige soziale Grundsätze, dazu gehören: Einheit der Menschheit, Gleichberechtigung von Mann und Frau, Gleichheit aller Rassen und Toleranz.

Es gibt noch ein Zitat, das mir wichtig ist: „Die Erde ist nur ein Land und alle Menschen sind seine Bürger." Mir ist die Toleranz der Bahai am wichtigsten.

*Kannst du drei Dinge nennen, die dir bei deiner Religion gefallen?*

Die Leute dort sind genauso herzlich, alle haben die gleiche Denkweise. Die Leute stehen hinter ihrem Glauben, das merkt man überall auf der Welt. Bei unseren Aktivitäten mag ich die Juniorkonferenzen gern. Wir treffen uns mit Jugendlichen aus ganz Deutschland und sprechen über bestimmte Themen. Als Drittes ist mir wichtig, dass wir auch die anderen Religionen akzeptieren können. Auch die anderen Religionen sind richtig. Der letzte Offenbarer ist Bahá'u'lláh. Die andern sind nicht falsch, aber haben sich auf ein anderes Zeitalter bezogen.

Bahai bin ich durch meine Eltern geworden, ich wurde in den Glauben hinein erzogen. Ich kann mir auch nichts anderes mehr vorstellen.

*Wie oft trefft ihr euch?*

Alle 19 Tage treffen wir uns. Das Fest heißt daher 19-Tage-Fest. Alle zwei Wochen ist eine Juniorklasse, in der eine Freundin mit uns über verschiedene Themen unseres Glaubens spricht.

*Wie sieht das bei euch aus mit Beten und Festen?*

Wir sollen morgens und abends in der Schrift lesen. Jeder kann sich dabei eines von drei Pflichtgebeten auswählen, ein kurzes, ein mittleres oder langes Pflichtgebet. Jeder kann sich eines aussuchen. Es gibt viele Feiertage. Das hat den Vorteil, dass ich da zum Beispiel nicht in die Schule muss. Neulich war der Todestag des Bab, eines Vorläufers von Bahá'u'lláh. Die Andachtsversammlung war ganz gut besucht.

*Welches ist dein Lieblingsfest?*

Mein Lieblingsfest ist Bahá'u'lláhs Geburtstag. Das ist sozusagen Weihnachten für Bahai. Und es gibt noch die „Eingeschobenen Tage". Ein Bahai-Monat hat 19 Tage. Weil das mit dem Kalenderjahr nicht hinkommt, werden besondere Tage eingeschoben. Es gibt viel schönes Essen.

Meine Familie kommt hauptsächlich aus dem Iran. Aber dort lebt niemand mehr von uns, da die Bahai im Iran immer noch verfolgt werden. Ich habe jetzt Verwandte in Italien, Deutschland, Amerika, Kanada und Frankreich – sehr verteilt. Ein Großvater wurde aufgrund seiner Religion hingerichtet.

*Gibt es so etwas Ähnliches wie die Konfirmation?*

Es gibt das Alter 15. Dann kann man eine Erklärungskarte unterschreiben. Und dann ist man schon Bahai. Geschenke gibt es nicht.

*Dankeschön für das Interview.*

> 1. Markiere wichtige Begriffe im Text. – Schreibe einen Brief an Vanessa. Erzähle, was dir an ihrem Interview aufgefallen ist und was dir gefällt:

*Liebe Vanessa,*

_____

_____

_____

_____

_____

_____

*Schöne Grüße,*

Bahai – C1

## C. Wir besuchen mein Bahai-Zentrum

Bahai – C2

_____
_____
_____
_____

_____
_____
_____
_____

_____
_____
_____
_____

*Wir Bahai sind weltweit noch eine sehr kleine Gruppe. Aber es gibt uns inzwischen auf allen Kontinenten. Wir engagieren uns in den Gesprächen mit anderen Religionen.*

Bahai – C3

Bei den Fotos D,E, H und I wurde der Nachdruck mit freundlicher Genehmigung von der Bahá'i International Community gestattet – http://media.bahai.org

1. Auf diesen Arbeitsblättern siehst du, wie fünf Freunde Vanessa besuchen.

2. Sieh dir die Bilderserie zuerst still an. Schreibe mit Bleistift auf, was du auf jedem Bild siehst. Es geht um *deine* Wahrnehmung. Lass etwas Platz übrig.

3. Dann liest einer von euch den Text zu den Bildern (Bahai-C4, Bedeutungsblatt). Schreibe nun mit einem anderen Stift in Stichworten zu den Abbildungen die *Bedeutung für Vanessa* dazu.

## Bedeutungsblatt

Vanessa erzählt von dem Besuch im Bahai-Zentrum:

A. Das ist die Garageneinfahrt unseres Bahai-Zentrums in Hannover-Garbsen. Das Zentrum ist ein normales Wohnhaus. Es wird zur Zeit nicht privat benutzt. Der Besitzer hat es für Treffen und Andachten zur Verfügung gestellt.

B. Ich lasse die anderen hinein.

C. Ich zeige den anderen den Innenraum. Er sieht aus wie ein normales Wohnzimmer. In der Hand halte ich ein wichtiges Bild.

D. Der Stifter unserer Religion heißt Bahá'u'lláh und stammt aus dem Iran. Er lebte vor 150 Jahren (1817–1892). Dies ist das Bild seines Sohnes 'Abdú'l-Bahá, der auch einmal Deutschland besucht hat (1912).

E. Bahá'ulláh ist im Garten Bahji bei Akko in Israel bestattet. Viele von uns besuchen diesen Ort und denken an das Leben des Offenbarers.

F. In Hannover treffen wir uns in privaten Wohnungen oder, wie hier, im Bahai-Zentrum. Alle 19 Tage findet ein „Neunzehntagefest" statt.

G. Im Bahai-Zentrum treffe ich mich auch regelmäßig mit anderen Jugendlichen. Hier zeigen wir Bilder vom letzten Treffen und planen einen Auftritt.

H. In der Nähe von Frankfurt, in Langenhain, haben wir ein großes Gebäude und ein Haus der Andacht. Auf jedem Kontinent gibt es heute mindestens ein solches Haus. Wir wollen damit zeigen, dass wir uns auf allen Kontinenten für Frieden und Gerechtigkeit einsetzen.

In dem Haus der Andacht werden übrigens nicht nur Texte von Bahá'u'lláh gelesen, sondern auch Texte aus den heiligen Schriften der anderer Religionen, also auch aus dem Koran und der Bibel.

I. Noch heute werden in einigen Ländern Menschen verfolgt, die zu unserer Religion gehören.

Bahai – D

## D Mein Bahai-Zentrum

Dies ist eine Skizze von meinem Bahaizentrum.

1. Auf dem Blatt C1 findest du die Fotos von dem Zentrum. Suche die Position der Bilder A bis C und F in der Skizze und kennzeichne die Stellen mit dem passenden Buchstaben.

2. Du kannst die Fotos auf dem Blatt C1 auch ausschneiden und um die Skizze herum kleben. Dann ziehst du einen Pfeil vom Foto zur passenden Stelle auf der Zeichnung.

Vanessas Bahaizentrum

## E Meine Geschichte: Bahá'u'lláh im Kerker

Vanessa erzählt: Die folgende Geschichte handelt von unserem Propheten. Er lebte vor rund 150 Jahren. Wir glauben, dass er von Gott geschickt wurde. Er hieß Bahá'u'lláh und stammte aus Persien. Zuerst wusste er selbst nichts von seinem Auftrag als Prophet. Er gehörte zur Vorläuferreligion des Bab. Die Religion des Bab wurde verfolgt und viele seiner Anhänger in den Kerker geworfen. Auch Bahá'u'lláh gehörte dazu. Hier beginnt die Geschichte:

Um zum Gefängnis zu kommen, musste man durch einen langen schwarzen Gang gehen. Dann ging es dreimal abwärts. Unten gab es keine Fenster und nur einen Einlass. Diebe, Räuber und Mörder wurden in dieses schwarze Loch gesteckt. Nun kamen die Anhänger des Bab dazu. Der Boden des Kerkers war völlig verdreckt und voller Ungeziefer. Es roch fürchterlich. Es gab nichts als kahlen Boden, um sich zum Schlafen hinzulegen.

Bahá'u'lláh und die anderen Anhänger des Bab saßen dort einander gegenüber, dicht an dicht. Bahá'u'lláh brachte den anderen Verse bei, die sie gemeinsam sangen. Es waren Wechselgesänge, erst sang die eine Seite, dann die andere. Sie sangen so gut, dass es bis zum Palast des Königs drang. Viele wunderten sich, dass die Gefangenen sangen.

Jeden Tag kam der Kerkermeister erneut in das Loch und holte einen weiteren aus der Religion des Bab, um ihn hinzurichten. Die Opfer wussten, dass Gott bei ihnen war. Sie umarmten zum Abschied Bahá'u'lláh und die Mitgefangenen und gingen mit sicheren Schritten in den Tod.

Damals, unten in diesem Loch, machte Gott Bahá'u'lláh mit seiner hohen Stufe bekannt. Dort, wo es übel roch und völlig dunkel war, empfing Bahá'u'lláh seine erste Offenbarung. Es war für Bahá'u'lláh so, als ob etwas wie ein Wasserfall vom obersten Punkt seines Kopfes bis in seine Brust herabflösse. Er sah die Himmelsdienerin (einen Engel) vor sich und hörte, wie sie zu ihm sprach. Sie nannte Bahá'u'lláh unten im Kerker die „Schönheit Gottes", den „Meistgeliebten der Welt". Er werde am Ende siegreich sein durch sich selbst und das Schreiben. So wurde es für Bahá'u'lláh in diesem finsteren Loch plötzlich innerlich hell durch die Sonne der Wahrheit. Er wusste nun, dass er ein neuer Prophet war und dass Gott ihn aussenden wollte.

Aber er erzählte niemandem etwas davon, auch nicht als er später wieder freikam. Er wartete noch viele Jahre, bis die richtige Stunde kam, es bekannt zu machen. Dann erst entstand unsere Religion der Bahai.

1. Führe mit anderen eine Pantomime auf: Stellt euch einen Menschen vor, der im Dunklen sitzt. Plötzlich erlebt er, wie sich etwas in ihm verändert! In seinem Inneren erlebt er Licht!

2. Diskutiert: Wie kommen Menschen darauf, dass eine Stärkung von Gott kommt?

Bahai – F1

## F Wie wir unsere Religion verstehen

Vanessa erzählt: Ich habe eine Frau unserer Gemeinde gefragt, ob sie aufschreiben kann, was die Bahai-Religion ist. Hier sind einige Auszüge:

*Lehre*

Die Bahai-Religion entstand im 19. Jahrhundert in Persien, dem heutigen Iran. Der Báb (1819–1850) kündigte 1844 das Kommen eines neuen Gottesoffenbarers an. Bahá'u'lláh offenbarte 1863, dass er derjenige sei, den der Báb angekündigt hatte. Er begründete die Bahai-Religion.

Die Prinzipien der Einheit und der fortschreitenden Gottesoffenbarung bilden den Kern unserer Religion:

**Einheit Gottes:** Es gibt nur einen Gott, den die Menschen mit unterschiedlichen Namen nennen. Die Menschen können das Wesen Gottes nicht erfassen. Nur durch seine Offenbarer (z.B. Abraham, Moses, Jesus, Mohammed, Buddha, Báb, Bahá'u'lláh) können die Menschen Zugang zu Gott finden.

**Einheit der Religionen:** Gott schickt seine Offenbarer als Ärzte oder Erzieher der Menschheit. Wenn die Menschheit einen neuen Entwicklungsstand erreicht hat, schickt Gott einen neuen Offenbarer. Es gibt keine endgültige Religion.

**Einheit der Menschheit:** Die Nationen wachsen zu einer Weltgemeinschaft zusammen. Alle Menschen sind gleichwertig. Die Unterschiede sind eine Bereicherung und sollen nicht zur Quelle von Streit und Hass werden.

Die Regierenden der Welt sind aufgefordert, den Weltfrieden zu stiften. Ohne Gerechtigkeit ist Frieden nicht möglich. Abschaffung von Hunger und Armut sind Aufgaben der modernen Menschheit. Instrumente dazu sind ein Weltgerichtshof, eine Weltregierung und eine Weltsprache.

*Die Lebensorientierung*

Der Sinn unseres Lebens auf der Erde ist es, Gott zu erkennen und ihn anzubeten. Der Mensch ist in seinem wahren Selbst ein geistiges Wesen. Seine Seele ist unsterblich. Deshalb ist es die Aufgabe des Menschen, sich auf das Leben der Seele nach dem Tod vorzubereiten. Das tut er, indem er seinen Charakter vollkommener macht, Tugenden übt und der Menschheit dient. Die Seele wird sich in den zahllosen Welten Gottes weiterentwickeln, bis sie die Nähe Gottes erreicht.

Die Aufgabe der Eltern, Lehrer und der Gemeinde ist es, die Kinder liebevoll zu fördern und ihre Edelsteine ans Licht zu bringen. Kinder sollen Bildung erhalten, Künste erlernen und alle ihre Anlagen fördern. Wenn in einer Familie das Geld nicht reicht, um Söhne und Töchter auszubilden, sollen die Töchter ausgebildet werden, da sie die ersten Lehrerinnen der Kinder sind.

*Rituale*

Um sich mit dem Wort Gottes vertraut zu machen, ist jeder Bahai verpflichtet, morgens und abends in den heiligen Schriften zu lesen, auch in den Schriften der anderen Religionen. Das Beten eines täglichen Pflichtgebets und das Einhalten der jährlichen Fastenzeit sowie der Verzicht auf Alkohol und Drogen gehört auch zu den Geboten Gottes.

Wir Bahai feiern alle 19 Tage ein sogenanntes Neunzehntagefest. Dieses Fest hat drei Teile: Im Andachtsteil werden Texte aus den Bahai-Schriften gelesen; im Beratungsteil beraten wir uns über Gemeindeangelegenheiten; und im sozialen Teil pflegen wir die Freundschaft unter den Gemeindemitgliedern.

Im Bahai-Kalender gibt es 19 Monate zu 19 Tagen. Am Ende des Jahres gibt es die „eingeschobenen Tage", die der Pflege der Freundschaft dienen. Danach beginnt die Fastenzeit. Am Ende der Fastenzeit beginnt am 21. März ein neues Bahai-Jahr mit dem Nawruzfest. Wir feiern neun Feste im Jahr.

*Gemeinschaft*

Shoghi Effendi, der Urenkel von Bahá'u'lláh, wurde von seinem Großvater Abdú'l-Bahá testamentarisch als Oberhaupt der Bahai-Gemeinde eingesetzt. Die Entwicklung der Bahai-Weltordnung nahm unter seiner Leitung Gestalt an. Shoghi Effendi starb 1957 und war das letzte Oberhaupt der Bahai-Religion. Seither leitet das (gewählte) Universale Haus der Gerechtigkeit mit Sitz in Haifa die Weltgemeinde der Bahai.

Bahai kennen seitdem keine religiösen Führer, die die heiligen Schriften auslegen oder verbreiten. Jeder Mensch ist fähig, Gott zu erkennen. Sein Auftrag von Gott ist, die Wahrheit eigenständig zu suchen. Jeder von uns ist gehalten, andere Menschen die Wahrheiten seiner Religion zu lehren, ohne sie ihnen aufzudrängen.

Die entscheidungsfindenden Organe der Bahai (Räte) werden auf örtlicher, nationaler und internationaler Ebene durch freie Wahlen ohne Lobbyarbeit oder Kandidaturen bestimmt. Ihre Mitglieder arbeiten ehrenamtlich. Unsere Bahai-Institutionen finanzieren sich durch freiwillige Zuwendungen ihrer Mitglieder.

Nach Barbara Hennings, engagiertes Mitglied der Bahai in Hannover

1. Markiere wichtige Begriffe im Text.
2. Bahai wie Barbara Hennings, die den Text geschrieben hat, setzen sich dafür ein, dass es weniger Hunger und Armut in der Welt gibt. Den Wunsch nach Gerechtigkeit gibt es bei vielen Menschen: Ladet jemanden, der sich für Gerechtigkeit in der Welt einsetzt, in den Unterricht ein. Wenn das nicht möglich ist, besucht jemanden. Fragt danach, was seine oder ihre Motive sind.

Bahai – G1

# G Kreativer Impuls: die Kuppel

Auf diesem Bild ist das Haus der Andacht der Bahai in Langenhain bei Frankfurt zu sehen. Auf jedem Kontinent haben wir Bahai so ein Haus. Diese Häuser setzen Zeichen auf den Kontinenten: Sie stehen für die Arbeit der Bahai am Frieden in der Welt.

Ein wichtiges Ziel für uns ist dieser Frieden in der Welt und Frieden unter den Religionen. Mit dem Bastelbogen G2 kannst du die Kuppel des Hauses der Andacht nachbauen. Schreib zuerst in jeden Arm der Kuppel einen Begriff, der sagt, wie du dir eine zukünftige Welt des Friedens vorstellst. Dann bastele die Kuppel.

Wenn du noch Zeit übrig hast, kannst du dir überlegen, welche fünf Schritte auf dem Weg zu einer Welt des Friedens die wichtigsten wären.

1) _____

2) _____

3) _____

4) _____

5) _____

Nachdruck des Bildes mit freundlicher Genehmigung von der Bahá'i International Community – http://media.bahai.org

Bahai – G2

Neun „Arme" bilden die Kuppel. Schreib in die Arme hinein, was deiner Meinung nach zum Frieden in der Welt gehört. Dann schneide die Arme aus und klebe die äußeren Enden zu einer Kuppel zusammen:

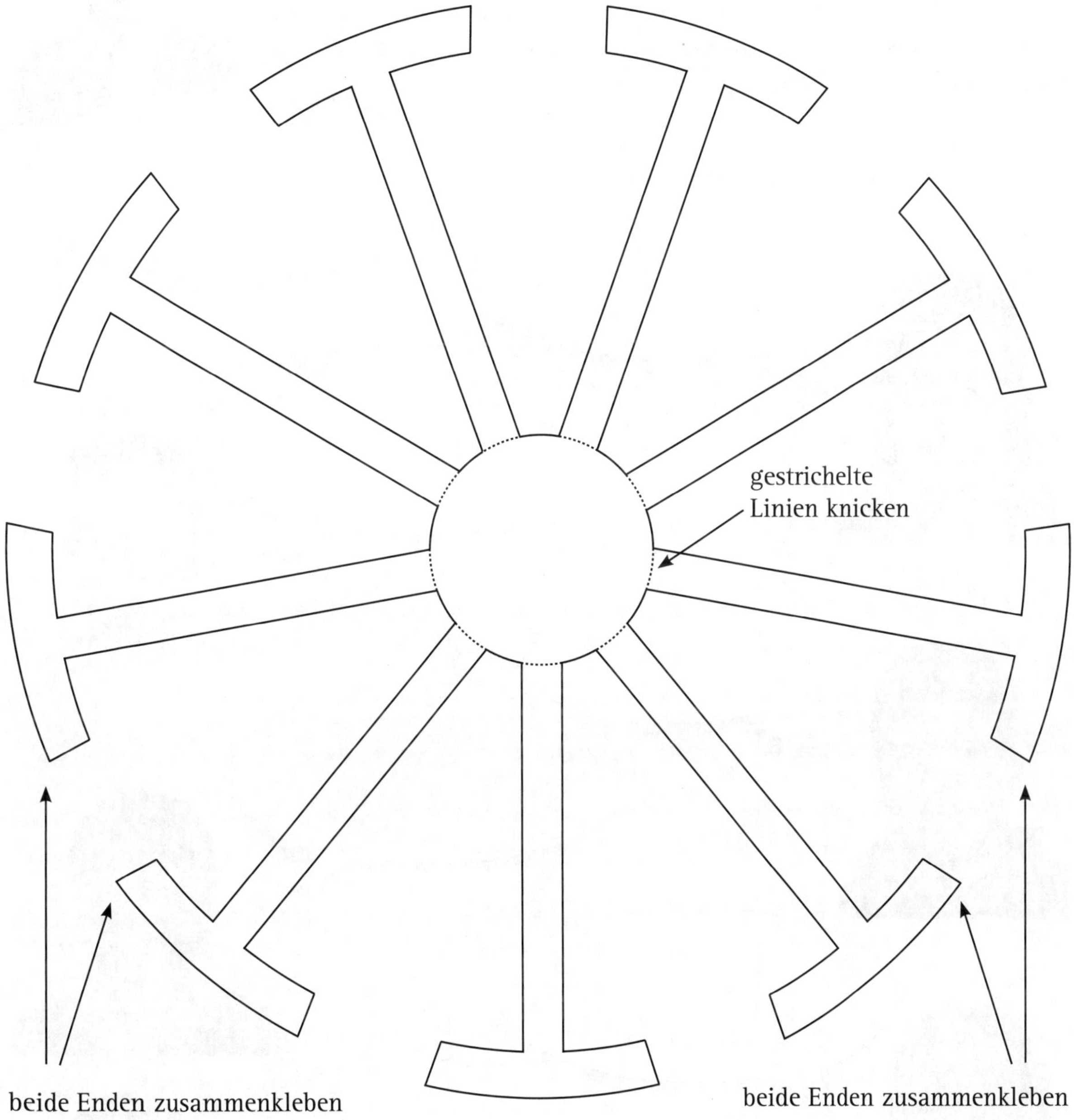

gestrichelte Linien knicken

beide Enden zusammenkleben          beide Enden zusammenkleben

Karlo Meyer, Weltreligionen | © 2015, Vandenhoeck & Ruprecht GmbH & Co. KG, Göttingen

## Zum Schluss: Ein Gespräch

Stell dir ein Gespräch vor, das du mit den Jugendlichen führst. Überlege dir eine Frage oder ein Thema (z. B. „Gott", „Beten", „Gemeinschaft"). Prüfe, was die Jugendlichen dazu sagen würden, und schreib ein Gespräch auf. Du kannst das Gespräch dann auf einem weiteren Blatt fortführen.

**Dieses Gespräch kann kein echtes Gespräch ersetzen. Es ist eine Gesprächsphantasie!**